AF203335

Rowohlt Verlag GmbH, Kirchenallee 19, 20099 Hamburg

Kontaktadresse nach EU-Produktsicherheitsverordnung:
produktsicherheit@rowohlt.de

Elke Heidenreich, geboren 1943, lebt in Köln. Seit 1970 freie Autorin und Moderatorin bei Funk und Fernsehen; Fernseh- und Hörspiele, ein Film, ein Theaterstück, viele Serien. Bekannt geworden als Metzgersgattin Else Stratmann, die es elf Jahre lang als Hörfunkfigur gab.

Seit 1983 schreibt Elke Heidenreich regelmäßig eine Kolumne für «Brigitte» mit dem Titel ALSO. Dieser dritte Band enthält alle veröffentlichten ALSOs von Mitte 1992 bis Ende 1995.

In der Reihe der rororo-Taschenbücher erschienen «Darf's ein bißchen mehr sein?» (Nr. 5462), «Geschnitten oder am Stück?» (Nr. 5660), «Mit oder ohne Knochen?» (Nr. 5829), «Kein schöner Land» (Nr. 5962), «Dreifacher Rittberger» (Nr. 12389) und «Datt kann donnich gesund sein. Else Stratmann über Sport, Olympia und Dingens…» (Nr. 12527), «Also… Kolumnen aus ‹Brigitte›» (Bd. 1, Nr. 12291; Bd. 2, Nr. 13068) und die Erzählungen «Kolonien der Liebe» (Nr. 13470).

Drei Erzählungen aus «Kolonien der Liebe», gelesen von der Autorin, liegen auch in der Reihe «Literatur für KopfHörer» vor.

Elke Heidenreich

ALSO ...

Kolumnen aus « Brigitte » 3

Rowohlt

7. Auflage August 2021
Originalausgabe
Veröffentlicht im Rowohlt Taschenbuch Verlag GmbH,
Reinbek bei Hamburg, Januar 1996
Copyright für die deutsche Buchausgabe
© 1996 by Rowohlt Taschenbuch Verlag GmbH,
Reinbek bei Hamburg
Die Erstveröffentlichung der Kolumnen
erfolgte in der Zeitschrift «Brigitte»
Umschlaggestaltung Büro Hamburg
(Foto von Elke Heidenreich: Isolde Ohlbaum)
Foto der Autorin auf S.2 Copyright© Isolde Ohlbaum
Satz Bembo (Linotronic 500)
bei CPI books GmbH, Leck
Druck und Bindung BoD - Books on Demand GmbH,
Norderstedt, Germany
ISBN 978 3 499 13758 7

ALSO...

Inhalt

Komisch, ausgerechnet die Kirche…

ALSO… vielleicht bin ich sentimental, oder, um es positiver auszudrücken, vielleicht bin ich hoffnungslos romantisch. Ich gehe gern in Kirchen und auf Friedhöfe. Kein Wort jetzt über meine Schwierigkeiten mit gewissen Kirchenherren und ihren absoluten Ansprüchen, auch den lieben Gott lassen wir mal aus dem Spiel und betrachten das Ganze vom Standpunkt der Architektur, der Schönheit, der Stille – Kirche und Friedhof als besonderer Ort. Kirchen: Mitten in den Städten sind sie plötzlich ruhige und im Sommer kühle Räume. Es ist hoch und still, die Tür geht zu, der Straßenlärm bleibt draußen, die Augen gewöhnen sich an ein wohltuendes Dämmerlicht. Kerzen brennen. Es riecht gut, in katholischen Kirchen noch besser als in den protestantischen, und ihre vielen Bilder an den Wänden, Luther möge mir verzeihen, mag ich auch ganz gern. Gott hat schöne Häuser, meist in bester Stadtlage und von großzügigen Ausmaßen. Man kann hier einen Augenblick zur Ruhe kommen – ob man es Nachdenken, Beten oder Kraftauftanken nennt, mag jeder für sich entscheiden, und es schadet nichts, eine Kerze anzuzünden und zu glauben, daß jetzt alles gut wird. Was wäre Köln ohne seinen vor sich hin bröckelnden Dom, Ulm ohne sein Münster, München ohne die Türme der Frauenkirche, was eine Fahrt über Land ohne Zwiebeltürme, ohne Wetterhähne auf Kirchturmspitzen und kleine Dorfkirchen auf grünen Wiesen – auch wenn man sich von dem, was drin gepredigt wird, oft meilenweit entfernt fühlt, in den großen Domen übrigens in der Regel noch viel meilenweiter als in den kleinen Landkirchen –, ein Stück Kultur ist es allemal, was da steht, und wir möchten es nicht missen. Es sind nicht nur die Türme, die bunten Glasfenster, die Orgel, die Blumen und die Kerzen, aber es ist auch all das. Es ist eine Stätte der Ruhe, eine Insel der Zuflucht – in diesen Zeiten ja sogar für viele Ausländer ganz konkret – und ein Ort außerhalb der Zeit. In einem Land ohne Kirchen würde ich nicht gern leben. Und mit den Friedhöfen ist es ähnlich – kein öffentlicher Park kommt an die erhabene Festlichkeit eines Friedhofes heran. Erstens gibt es hier keine Radfahrer und keine Hunde – NEIN, die Kolumnistin hat nichts gegen Radfahrer und nichts gegen Hunde, sie fährt selbst Rad, und sie hat einen Hund, aber es ist auch mal sehr angenehm ohne das, oder? Das kann man auf Kinder, Mütter, Männer etc. beliebig erweitern. Es tut sehr gut, mal ohne ALLES zu sein, mit sich selbst und bei sich selbst. Auf dem Friedhof kann man das, und dazu muß man nicht erst tot sein. Man geht unter alten Bäumen auf sorgfältig gepflegten Wegen und sieht zu jeder Jahreszeit, auch im tiefsten Februarfrost, alle Blumen – weiße Lilien, rote Rosen, Nelken und Kerzen brennen auch hier, und wenn man richtig kombinieren kann, stehen auf den Grabsteinen ganze Lebensgeschichten. Weiße Marmorengel, in Vorgärten kitschig, kriegen hier einen feierlichen Ernst, und überall hockt jemand und gießt und gräbt und pflanzt und rupft, und Hasen huschen herum und Eichhörnchen, und die Vögel leben hier völlig ungefährdet und singen für die, die es nicht mehr hören. Ein Gang über den Friedhof ersetzt eine Kur für Gemüt und Nerven, selbst wenn einem angesichts von so viel sicherem Tod – wir stehen ja auch auf der Liste – mitunter etwas trübe zumute wird. Macht nichts, trübe gehört dazu, und das Leben spürt man unter den Toten plötzlich wieder sehr kräftig. Komisch, ausgerechnet die Kirche, die einige unserer Freiräume so drastisch einzuschränken bemüht ist, bietet uns die letzten schönen Zufluchtsorte in unseren autodurchtobten Städten. Na, immerhin.

4/92

Von irgendwoher ertönen Stimmen...

ALSO... sagt der Captain im Flugzeug, als ich endlich gerade eingenickt bin, er sei Captain Fischer, und er und seine Crew wollten uns nun aber doch ganz herzlich an Bord des Jets auf unserem Flug nach Zürich begrüßen. Die Flughöhe betrüge 8000 Meter, und das Wetter in Zürich soll diesig sein. Schade, daß man nichts sieht, da unten wäre jetzt der Bodensee, und dann wünscht er uns noch einen guten Flug. Den hatten wir bisher auch, aber nun hat er uns geweckt, und jetzt wird bedient und serviert, weil es ja eine Stunde ohne Essen und Trinken nicht geht. Ohne Reden auch nicht, nirgends. Wohin wir kommen – ein Lautsprecher ist schon da, durch den uns jemand begrüßt, beschwört, seine Sonderangebote mitteilt. Im Zug ist es am schlimmsten. Daß sie uns durchsagen, der nächste Halt sei Offenburg, und Reisende nach Baden-Baden müßten da jetzt umsteigen, das will ich ja noch einsehen. Aber warum erzählen sie uns, daß das Intercity-Team gewechselt hat? Ich merke es auch selbst, wenn schon wieder ein Kontrolleur kommt und auch noch mal das Kärtchen sehen will. Und warum behaupten sie per nicht abstellbarem Lautsprecher, daß sich jetzt das DSG-Team im Speisewagen auf meinen Besuch freue? Es stimmt ja gar nicht! Die sind da und haben da ihren Arbeitsplatz, und ob ich komme oder nicht, ist denen so wurscht wie nur was, warum lügt der Onkel Durchsager mich an? Und warum erzählt er mir die Speisekarte? Das wissen wir doch nun nachgerade, was es im deutschen Speisewagen zu essen gibt – Rindsroulade bürgerlich mit Leipziger Allerlei oder Huhn im Reisrand, aber dafür eine Durchsage von fünf Minuten, man kann nicht lesen, die Kinder werden wach, und die

Gespräche sind unterbrochen. Noch schlimmer ist es im Supermarkt. Ja, natürlich muß der Chef durchsagen: «Frau Speckmann, bitte nach Kasse drei!» Aber wer ist der eigens angemietete Herr mit der extra geölten Stimme (Elmar Gunsch?), der jetzt säuselt: «Welttierschutztag, meine sehr verehrten Damen und Herren, da wollen wir auch an unsere lieben kleinen Vierbeiner daheim denken. Die 800-Gramm-Dose Hundeglück ist heute besonders günstig im Angebot, und die 400-Gramm-Dose Katzengold gibt es schon für 1,49 Mark, ja, da heißt es doch einfach zugreifen, und vergessen Sie bitte nicht, meine sehr verehrten Damen, in unserer Kaffeeabteilung einmal nachzusehen, das Verwöhnaroma ist wieder ganz frisch und nur für Sie eingetroffen.» Ist ja gut! Jetzt habe ich vergessen, was ich noch einkaufen wollte und immer stur vor mich hin gesagt habe, bis dieser Eintänzer mir dazwischengeredet hat – Brot, Essig, Milch und – und ... «Meine lieben Kinder», fängt er schon wieder an, «sicher hat eure Mutti nichts gegen das Naschen, wenn es ein gesundes Naschen ist. Unsere Nüßchenriegel in der Schleckerabteilung ...» Ich bring ihn um! Ich bring ihn um, wenn ich ihn sehe, aber man sieht die ja nie, die zu uns sprechen. Von irgendwoher ertönen ihre Stimmen, treffen uns in Augenblicken, in denen wir nichts hören wollten, und Ausweichen, Abstellen oder Leiserdrehen ist gleichermaßen unmöglich. Da müssen wir nun durch, egal, was uns mitgeteilt wird. Als der HERR damals zu Moses sprach, hatte er doch wenigstens noch etwas Wichtiges mitzuteilen. Und «Nächster Halt: Tacitusstraße» in Linie 6, doch, ja, ist einzusehen. Aber welche Möglichkeiten gibt es, Captain Fischer und seine Crew von ihren Begrüßungsritualen abzubringen? Ich fürchte, keine.

5/92

Zweierlei Frauen

ALSO... in meiner Gegend wohnt eine Frau, die hab ich noch nie ohne Schürze gesehen. Noch nie ohne leidendes Gesicht. Noch nie ohne Besen in der Hand. Ich sehe sie immer nur das Stück Straße vor ihrem Haus fegen, leidend, anklagend, verbissen und, ach, so sinnlos, denn die Natur ist gegen sie: Üppig wachsen hier die Bäume, und der Wind weht die Blätter, wohin er will, und soll ich Ihnen was sagen? Er weht sie nur vor ihr Haus, und nur, um sie zu ärgern, und da muß sie mittags um eins schon wieder fegen, obwohl sie doch erst morgens um elf... also, es ist ein Elend. Schade, daß sie nicht den Herrn ein paar Häuser weiter geheiratet hat, der immer und immer sein Auto wäscht. Jeden Abend, wenn er von der Arbeit kommt, zieht er seinen Trainingsanzug an, und dann wird gewienert und geplanscht und poliert, und das Auto glänzt und funkelt, und wie schön sähe es erst aus, stünde dieses saubere Auto nun auf dem sauber gefegten Straßenstück der semmelblonden Nachbarin, und die beiden – die Kolumnistin gerät ins Träumen – säßen derweil zusammen in einer blitzsauberen Badewanne und würden sich ihre rosa Rücken mit dicken Bürsten krebsrot scheuern. Danach könnte man vielleicht noch zusammen die Fenster putzen und mit einem kleinen Staubsauger die Krümel aus den Autopolstern saugen – nein, in solchen Polstern sind gewiß keine Krümel, solche Menschen krümeln nicht. Die haben auch nie schmutzige Fingernägel oder ein Stäubchen auf den Schuhen. Da blitzt eben alles. Und du, Elke? Kaum bist du aufgestanden, kaum hast du dich angezogen und gewaschen, da siehst du auch schon wieder aus wie ein Schwein. Ich kann machen, was ich will, die Fingernägel sind schmutzig, die Schuhe staubig, irgendwo ist immer ein Fleck oder ein Knopf ab, sowieso sind alle Klamotten voller Katzenhaare, und wenn der

Hund mich aus Liebe auf dem Spaziergang mal eben anspringt, sieht mein Trenchcoat aus wie der von Inspektor Columbo. Ich könnte ihn mehrmals täglich reinigen lassen und käme doch nie der beschürzten (schneeweiße Schürze!) Nachbarin auch nur nahe. Gott sei Dank besuchen mich solche Leute nie, sie würden wohl auch in Ohnmacht fallen. Bei mir geht's nicht keimfrei zu. Geputzt wird nur nach Lust und Laune, Spinnennetze werden eher gefördert als zerstört, denn erstens bewundere ich ihre Architektur, und zweitens halten sie mir die Mücken vom Leib. Wo fünf Tiere auf Sesseln und Sofas herumliegen, wird jeder Staubsauger sinnlos, und komisch, es ist trotzdem sehr gemütlich. Ich mag es auch, wenn sich die Zeitungen stapeln und wenn die Blumen dekorativ in den Vasen verwelken. Doch ab und zu fege ich vor meiner Haustür auch, und dann und wann werden die Fenster geputzt, aber ansonsten wird gelesen, Schach gespielt, der Hund kriegt einen Stock geworfen, und den zerkaut er dann auf dem Teppich in hunderttausend Späne, während ich diese Kolumne schreibe. Kann sein, daß die Späne dann auch schon mal zwei, drei Tage liegen. In der Zeit hat die Nachbarin schon wieder achtmal gefegt. Ob ich ihr doch mal meinen Teppich zeige . . . nein, lieber nicht. Wahrscheinlich würden wir uns gegenseitig nur schwer ertragen. Es gibt nun mal Frauen, die müssen sich in ihrem Küchenfußboden spiegeln können, weil die Werbung das so will, und es gibt welche, die putzen nicht mal ihren Spiegel blitzblank. Die Welten zwischen beiden sind unüberbrückbar. Das macht die Solidarität so kompliziert.

6/92

Man sollte nicht feiern müssen...

ALSO... Fritz hat Konfirmation. Das liegt seiner Mutter nun schon seit Wochen schwer im Gemüt. Wo feiert man so was? Im Gasthaus? Ungemütlich und zu teuer. In der Wohnung? Was tut man dann aber, wenn der geschiedene Gatte auftaucht, den will man auf keinen Fall in der Wohnung haben, der ist noch geschmacklos genug und bringt seine zweite Frau mit, und das kann man schon allein Oma nicht antun... Ach herrje, Oma wird dieses Jahr achtzig! Was sollen wir denn da bloß machen? Da kommt wieder die ganze gräßliche Verwandtschaft, und Onkel Otto und Tante Elisabeth werden sich in die Haare kriegen und schon wieder darüber streiten, wer denn wohl Omas Flügel mal erbt. Schrecklich, solche Geburtstage, und was soll man einer so alten Frau denn schenken? Kommt da etwa auch der Bürgermeister mit so einem Geschenkekorb? Und muß man einen Saal mieten, oder kann man das im Altersheim feiern? Auf keinen Fall bei uns zu Hause, da passen nicht alle rein, und nach München zu Jochen, der ein großes Haus hat, kann man Oma schließlich auch nicht verfrachten. Das alles läßt einen schon seit Wochen nicht mehr richtig schlafen. Weihnachten war genauso: Da hatten sich Fred und Martha angesagt – eigentlich sind sie nett, aber was für ein Umstand! Das Gästezimmer mußte hergerichtet werden, nun blieb es nicht bei dem bescheiden geplanten Essen, nein, für Besuch wird prächtig gekocht, und nach den Feiertagen – fix und fertig war man gewesen.

Silberhochzeit – eigentlich was Schönes. Immerhin hat eine Ehe 25 Jahre gehalten, und das könnte man ja mal feiern und genießen. Aber ach... genau das können wir anscheinend nicht mehr: feiern und einfach genießen. Jedes Fest, jedes größere Ereignis werden zur Qual: Wo feiern wir? Wer muß (!) alles eingeladen werden, was schenkt man da, was hat man selbst damals geschenkt bekommen? Was wird das alles kosten! Was für ein Aufwand! O Gott, was soll man zu essen, was zu trinken anbieten? Und, schlimmste aller Fragen: Was in drei Teufels Namen soll man anziehen? Jetzt geht das Gerenne los, egal, ob es sich um die Kommunion, den Opernball, Lisas Geburtstag oder Papas Pensionierungsfeier handelt: die Suche nach dem richtigen Kleid, dem richtigen Geschenk, das krampfhafte Bemühen, trotz aller Alltagssorgen in die richtige Stimmung zu kommen – das überschattet alles: «Wenn's doch nur erst vorüber wäre!» – «Wenn bloß Eduard nicht kommt!» – «Wenn ich bloß mit Mutter nicht wieder Krach kriege!»

Uns ist die Leichtigkeit abhanden gekommen, einfach so zu feiern, uns hinzusetzen, ein paar Gläser zu trinken, ohne Aufwand und Hektik zusammenzusitzen. Jedes Fest gerät zum Statussymbol: Wer kann wem was bieten? Alles Blödsinn, selbstfabrizierter Streß. Und wenn man wirklich nicht mag, nicht den eigenen 50. Geburtstag feiern oder nicht auf Fritzchens Konfirmation gehen, dann – und das müßte sich doch endlich lernen lassen! – besteht ja immer noch die Möglichkeit, einfach zu sagen: «Ich mag aber nicht.» Ohne große Ausrede – keine Zeit, erkältet, leider verreist ... ICH MAG NICHT. Man sollte nicht feiern müssen, nur wollen.

7/92

Verschenktes Verständnis

ALSO... heult Elfi am Telefon, kann ich – huhu, schluchz – nicht mal bei dir vorbeikommen, ich muß mich – schluchz, heul, schuhuuu! – unbedingt und jetzt sofort bei jemandem aussprechen. Und wer bin ich denn, daß ich dann sage: Nein, Elfi, ich schreibe gerade Kolumnen für BRIGITTE, keine Zeit – Elfi, sage ich, der Tee steht schon auf dem Tisch, komm her. Und Elfi kommt und erzählt drei Stunden lang, wie absolut grauenvoll Karlheinz sie behandelt, das muß ich mir mal vorstellen!! Ich stelle es mir vor. Elfi, sage ich, weg von dem Kerl, keinen Tag würde ich bei dem mehr bleiben. Meinst du? schluchzt Elfi, schuhuuu, aber wo soll ich denn hin, und überhaupt, wie kann er mir das antun, weißt du, was er neulich wieder ... Ich weiß es, weil sie es um halb sechs schon erzählt hat, und nun geht es gegen zehn. Aber was sage ich, ganz Güte und Verständnis? Nein, Elfi, sage ich, erzähl. Was hat er dir neulich angetan? Und dann kommt die Geschichte, als er sie mitten auf der Landstraße aus dem Auto ... ach, lassen wir das. Elfi geht einigermaßen getröstet, ich bin fix und fertig. Drei Tage später – ich mache mir Sorgen, ob Elfi noch lebt und wenn ja, wie – rufe ich an in der Höhle dieses Wüstlings. Elfi, sage ich am Telefon, ich bin's, ich wollte nur mal hören, wie es dir geht. Mir? kräht sie, wieso, gut, toll, stell dir vor, Karlheinz und ich fliegen morgen nach Pariiiis! Nach Pariiiis! Ist das nicht toll? Ja, toll. Ich schäme mich dafür, daß ich lieber gehört hätte, wenn Elfi noch ein bißchen geschluchzt und tapfer gesagt hätte: Ach laß nur, es geht schon irgendwie, ES MUSS JA. Und sei es nur, damit ich mir nicht so verarscht vorkäme – Sie verstehen? Kennen Sie das Problem des sogenannten verschenkten Verständnisses? Die Freundin, die Nachbarin, die entfernte Bekannte, der junge Student mit den rotgeheulten Augen – sie kommen, sie rufen an, man trifft sie zufällig auf der Straße ... du siehst aber elend aus, Lisa, ist was? Und dann die langen traurigen Geschichten: Krise in der Beziehung, Portemonnaie verloren, Ärger am Arbeitsplatz, ach und überhaupt, der Rücken tut so weh, und irgendwie ist doch alles Mist, oder? Man hört zu, man tröstet, man bietet wahlweise Geld, Gespräche, Glas Wein, Adresse von gutem Doktor an, man leidet mit. Und dann trifft man Tage später den verheulten Studenten und fragt mitfühlend, na, hat sich dein Problem gelöst? Welches Problem? fragt er fassungslos zurück und unterbricht nur unlustig sein Joggen. Mit der verpatzten Seminararbeit, sage ich. Ach das, er macht eine ungeduldige Handbewegung, längst erledigt, war gar nicht verpatzt, tschöh! Und weg ist er. Alles halb so schlimm, alles längst gegessen, waaas, du denkst noch an Günther? Den hab ich in den Wind geschossen, ich leb doch jetzt mit Achim, und mir geht's prima.

Na dann. Hab ich eben umsonst getröstet und zugehört und mal wieder (fast) alles verstanden. Und ich gehe etwas wütend weiter und begegne Marietta, die meine Hand nimmt und mich ganz vorsichtig fragt: «Na? Ist mit Schroeder alles wieder o. k.?» Schroeder, Schroeder, Schroeder, denke ich fieberhaft, was war denn da, war da was?

8/92

Öffentlicher Striptease

ALSO... in letzter Zeit nehmen dynamische Telefonate, kecke Faxe und flott geschriebene Briefe folgenden Inhalts bei mir überhand: «Liebe (sehr geehrte) Elke (Frau Heidenreich)» bzw. am Telefon: «Hallöchen, ich bin der Martin Soundso vom WDR, und ich wollte...» Und dann kommt wieder eine dieser höchst merkwürdigen Aufforderungen: «Wir machen da eine Sendung, in der Prominente ihr schärfstes Liebeserlebnis erzählen, würden Sie...?» Ich würde nicht. «Wir möchten mit Menschen wie Ihnen darüber reden, was sie betroffen macht, also Krieg oder Tod des Partners oder Krankheit oder so...» Oder so. «Guten Tag, wir planen da so eine kleine Serie über den ersten Kuß und möchten Sie gern...» Vielen lieben Dank. Nach der Pest der Umfragen nun die Pest des öffentlichen Striptease – meist unter dem Deckmäntelchen «Prominente plaudern aus ihrem Leben». Oft ist auch nur ein sogenannter Prominenter Lockvogel einer solchen Sendung, in der dann Betroffene zu Wort kommen: betroffene Geschiedene, betroffene Alleinerziehende, betroffene Tierfreunde, Betroffene schlechthin. Ehepartner berichten vor laufender Kamera über ihre sexuellen Schwierigkeiten, Mütter drogenabhängiger Kinder brechen im Studio in Tränen aus, und immer wieder frage ich mich: Was treibt Menschen dazu, ihr Innerstes öffentlich zu machen, im gnadenlosesten aller Medien, im Fernsehen? Live? Im Studio? Ich sehe so was ein, wenn Dokumentationen über bestimmte Themen gedreht werden, vielleicht mit Schutz der Persönlichkeit, vielleicht so dezent, daß man emotionale Ausbrüche hinterher wegnehmen oder mildern kann. Aber warum haben Leute das Bedürfnis, in einem Hörfunk- oder Fernsehstudio offen über ihre Nöte, Ängste und Sorgen zu reden? Erwarten sie sich die Erleichterung davon, die man meint, wenn man sagt: Ich möchte es in alle Welt rausschreien? Werden sie nicht Opfer einer hemmungslosen Ausbeuterei? Wissen sie vorher, was sie erwartet? Natürlich wissen sie es: freiwillig ziehen sie sich in Tutti Frutti aus, freiwillig gehen sie an den Start bei diesen aus dem Boden schießenden unsäglichen Game-Shows um Liebe und Partnerschaft, sitzen da wie auf dem Markt und lassen sich anbieten bzw. ablehnen, vor Millionen Zuschauern. Küssen sich, wenn der Moderator es will. Gewinnen als Preis eine Reise mit einem eben noch wildfremden Menschen in ein Hotel, dazu eine Videokamera: «... Sie sollen sich filmen, und das zeigen wir dann in unserer nächsten Sendung.» Wie platt und arm und blöd und einfallslos sind wir eigentlich inzwischen? Keine Möglichkeit, mit Freunden über Probleme zu reden? Keine Chance, jemanden kennenzulernen, außer im Fernsehen? Es muß irgendein geheimer Reiz in der öffentlichen Darstellung von Seelenqual und Defiziten liegen. Mir will er sich sowenig erschließen wie die Sehnsucht bei Talk-Shows nach Krach und Krawall: Wenn nicht geohrfeigt, geweint, angeschrien oder mit Wein geschüttet wurde, wenn man sich einfach «nur» unterhalten hat, war es langweilig. Schnell umschalten auf den Kanal, auf dem Erika Berger gerade lächelnd fragt: «Und wo, sagten Sie, liegen die Schwierigkeiten genau, ist das Glied Ihres Mannes zu groß oder eher zu klein?»

9/92

Millionen Karten an den Lebensbaum!

ALSO ... gut: Ich kann meine persönliche Verpflichtung reinen Gewissens unterschreiben, auch meine Karte soll unter Millionen anderer Karten am Lebensbaum in Rio hängen, wenn Regierungschefs und -vertreter aus mehr als 150 Ländern sich treffen zur großen Konferenz über unser globales Ökodesaster.

Da wird sie dann im Winde flattern, meine Unterschrift zum Bekenntnis, Hausmüll zu sortieren und kein FCKW zu benutzen. (Gut, ich kann auf Schaumstoff verzichten, aber was hält meinen Kühlschrank kühl?)

Ich werde geloben, mehr Fahrrad zu fahren, was ich sowieso schon tu, aber an die autofreie Welt kann ich nicht glauben. Ich drossele meine Heizung gern, um die Atmosphäre nicht aufzuheizen, und dabei denke ich an die brennenden Ölquellen in Kuwait und komme mir kläglich vor. Nein, ich esse so gut wie kein Fleisch mehr. Aber die Schlachtviehtransporte rattern weiter über Schiene und Autobahn. Gut: Wir sind inzwischen viele. Wir fahren Katalysator, kaufen keine Tropenhölzer und spülen die Milch-Pfandflasche. Aber machen wir uns nur ja nichts vor: unser Verkehrsminister läßt abholzen für weitere Autobahnen, unser Finanzminister wird uns was husten, ehe er den armen Ländern die Schulden erläßt, unser Wirtschaftsminister hat mehr das Wachstum der Industrie als das irgendwelcher Wälder im Sinn, und unsern Umweltminister möchte ich nicht mal namentlich erwähnen, weil mir nicht eine einzige wirksame Handlung in seiner gesamten Amtszeit einfällt. Unsere Industrie und die Bauernlobby sitzen ihm im Nacken. Und bis das Ozonloch wirklich aufreißt, ist er tot, und nach uns schon immer die Sintflut. Ich will unterschreiben, ich engagiere mich und spende Geld und tu, was ich kann für eine bessere Umwelt, und ich halte das alles dennoch für sinnlos angesichts der jammervollen Armut in mehr als der halben Welt und der grenzenlosen Rücksichtslosigkeit in der andern Hälfte. ABER – und nur dieses «ABERS» wegen versinke ich nicht in Resignation: ich glaube an den Druck der Öffentlichkeit, ich glaube an das Verantwortungsbewußtsein – nein, nicht der Politiker, aber der Wissenschaftler, ich glaube, daß Wissenschaftler und Bürger und Künstler und Journalisten und wir alle zusammen so viel Druck ausüben können, daß Politiker schließlich handeln MÜSSEN. Ich bin des täglichen Nachrichtenterrors müde, und noch müder bin ich der kleinkarierten Parteizankereien, als gäbe es nichts anderes zu tun. Die Titanic sinkt, aber die Bordkapelle spielt noch, na bravo. Vielleicht, sagt der Dirigent Enoch zu Guttenberg, der versucht, gegen den Untergang anzumusizieren, vielleicht «ist Kunst das einzige, was uns vor der Verzweiflung rettet». Vielleicht können wir wenigstens in Würde und Schönheit untergehen, wenn uns schon das Überleben in Würde nicht gelang. Gut, seien wir nicht zu pessimistisch: Setzen wir auf diesen Weltumweltgipfel jetzt in Rio unsere Hoffnungen. Die Regierungsdelegationen aus Nord und Süd wollen eine Art «Grundgesetz» für den Umgang des Menschen mit der Natur erarbeiten. Werden sie auch bereit sein, den Wohlstand auf der Welt umzustrukturieren? Absichtserklärungen sind einfach, Handeln ist schwer. Uns geht es so gut, weil es anderen so schlechtgeht, und uns allen wird es schlechtgehen, wenn sich das nicht ändert. Es ist nicht mein sortierter Hausmüll, der die Welt gesünder macht. Es ist die Beseitigung der Not in den Entwicklungsländern. Wir müßten bereit sein, eine Regierung zu wählen, die uns hier energisch und bitter spürbar zur Kasse bittet. Sind wir aber nicht. Also gut: Millionen Kärtchen an den Baum des Lebens, wenigstens ein winziges Schrittlein auf einem noch nicht mal eingeschlagenen Weg.

10/92

«Alte Leute? Ach du liebe Güte...»

ALSO... vor einiger Zeit habe ich mal eine Kolumne über die alleinstehende, ältere Frau geschrieben, die das Honigglas nicht aufkriegt. Das war nur ein Beispiel – es ging um die vielen unzumutbaren, schwierigen Kleinigkeiten, bei denen einem alleinstehenden und vielleicht nicht sonderlich geschickten Menschen niemand hilft. Gerade auf diese Kolumne habe ich besonders viele Briefe bekommen: ganz zustimmende und ganz wütende. Ich denke, ich sollte beiden zuliebe noch mal auf das Thema eingehen und Ihnen von einer Umfrage des amerikanischen Gallup-Institutes erzählen. Es ging darin um die größten Alltagsschwierigkeiten von alten und alleinstehenden Menschen. Die Problemliste hatte folgende Reihenfolge:

1. Öffnen von Medizinpackungen
2. Lesen von Etiketten
3. Hochstehende Gegenstände erreichen (Beispiel aus meinem Leben: Ich habe jüngst eine Glühbirne sehr hoch oben gewechselt - mit Stuhl auf Tisch und unter jedem Stuhlbein einen Band Meyers Konversationslexikon. Nicht empfehlenswert!)
4. Knöpfe annähen (ich nehme an, da geht es vor allem ums Einfädeln fast unsichtbarer Fäden in Nadeln, die das nicht mit sich machen lassen wollen)
5. Staubsaugen und -wischen
6. Treppensteigen
7. Badewannen und Abflüsse reinigen (Wanne verstopft? Da kommt der Handwerker mit dem Stundenlohn von vierzig Mark plus Fahrtkosten plus Mehrwertsteuer...)
8. Fußböden putzen (war wohl in 5. noch nicht enthalten oder wird als so mühselig empfunden, daß es gleich doppelt auftaucht)
9. Kleider über den Kopf ziehen

10. Strümpfe und Schuhe anziehen

11. Eingekauftes nach Hause tragen (in meiner Nachbarschaft quält sich eine ältere Dame mit ihren Tüten, will sich aber nicht helfen lassen: «... nein, nein, wenn ich das nicht mehr kann ...»)

12. Werkzeuge benutzen

13. Hilflosigkeit, wenn allein zu Hause etwas passiert

14. Duschen und baden

15. Schuhe schnüren und Krawatten binden

16. Sich im Haus bewegen, ohne zu rutschen oder zu fallen.

Kleinigkeiten. Alltagskram, kleine Dinge, die das Leben schwermachen, kleine Ängste, die einem keiner nehmen kann. Das ist gewiß nicht nur in Amerika so, sondern auch bei uns würde eine Umfrage dieser Art ähnliche Ergebnisse bringen. Einige dieser Probleme ließen sich bei besserer Planung lösen – Nr. 1 und Nr. 2 zum Beispiel oder, mit einer anständigen Leiter, Nr. 3. Medizin könnte weniger kompliziert eingeschweißt sein, Gebrauchsanweisungen und Etiketten größer beschriftet. Es gibt immer etwas zu verbessern. Nur – und das wollte ich damals wohl schon andeuten –, wer hat Interesse an Verbesserungen für eine Gruppe, die wirtschaftlich nicht mehr so interessant ist? Hauptsache, unser kleiner Computerfreak kommt gut zurecht, unser Elektronik-Konsument, und für den Autofahrer kann's gar nicht praktisch genug sein. Alte Leute? Gebrechliche? Alleinstehende? Ja, du liebe Güte, warum wollen die ein Honigglas aufschrauben?

Ich weiß nicht, welche Lehre die Auftraggeber des Gallup-Instituts aus dieser Umfrage gezogen haben. Ich nehme mal an: keine.

11/92

Die Wohnungshüterin

ALSO... wir fahren weg, und Rosi wird die Wohnung hüten. Wir haben Rosi alles erklärt: welche Katze was wann und wo frißt und wann Nero seine Pille kriegt, welche Pflanzen man von oben, welche von unten gießt, welche Post nachzuschicken sei und welche nicht. Iß die Sachen aus dem Kühlschrank auf, Rosi, sonst schimmeln die, und trink den Wein, und folgendermaßen funktioniert der Anrufbeantworter, falls du ihn benutzen willst ... nein, Rosi will ihn nicht benutzen, Rosi geht gern ans Telefon. Ja, gut, aber wimmel alles ab, hörst du, Rosi? Die sollen noch mal anrufen, wenn wir wieder da sind. Und wenn du abends ausgehst, laß das Licht an. Rosi will nicht ausgehen, verspricht aber, diese und jene Lampe zur Einbrecherabschreckung anzulassen. Rosi, bei Frau W., zwei Häuser weiter, ist ein Ersatzschlüssel, falls dir mal aus Versehen die Tür zuknallt. Ich bin, sagt Rosi, jetzt zweiundzwanzig Jahre alt, und in meinem ganzen Leben ist mir noch nie aus Versehen eine Tür zugeknallt, wann haut ihr denn nun endlich ab?

Wir gehen und wissen Haus und Tiere in besten Händen. Unterwegs fällt mir ein: wir haben Rosi nicht gesagt, daß die Klospülung kaputt ist – wenn man den Deckel vom Spülkasten nicht hochhebt, läuft das Wasser die ganze Zeit ... und bei der Dusche kommt das warme Wasser aus dem kalten Hahn und das kalte aus dem warmen ... sie wird sich verbrühen! Oder erkälten ... was dreht man denn normalerweise zuerst auf? Na egal, sie ist ja nicht blöd, sie wird schon klarkommen. Blöd ist sie nicht. Aber neugierig. Hab ich eigentlich die Schublade mit meinem Tagebuch abgeschlossen? Hilfe! Ich habe die Schublade mit dem Tagebuch NICHT abgeschlossen! Ich kenn doch Rosi ... sie wird jetzt schon durchs Haus gehen, hier ein bißchen stöbern, da ein bißchen gucken. Sie wird das Tagebuch finden ... und dann? Mein Gott ja, dann wird sie eben lesen, daß ich ein Dauertief hatte, was ist schon dabei, jeder hängt mal durch. Wahrscheinlich wird sie aber auch sehen, daß ich Bettwäsche nicht mehr bügele, und deshalb alles aus den Schränken zerren und ordentlich bügeln, so ist sie eben auch. Haben wir ihr gesagt, daß man Tomaten nicht von oben wässern darf, sondern in den Tontopf daneben gießen muß? Und wenn nicht ... haben wir eben keine Tomaten dieses Jahr. Hoffentlich macht Rosi den Kleiderschrank nicht auf. Da sieht es grauenhaft drin aus – das wäre mir aber peinlich. Natürlich wird Rosi den Kleiderschrank aufmachen! Und Vaters bösen Brief lesen, der noch auf dem Schreibtisch liegt. Und im Steuerordner mal so ein bißchen schnüffeln, was wir denn nun wirklich verdienen, ach, und verdammt! Sie wird im Keller die scheußlichen Weingläser finden, die sie uns mal geschenkt hat und die ich doch extra noch in den Gläserschrank stellen wollte ... Jetzt geht ein fast fremder Mensch durch unsere Wohnung. Alle unsere Geheimnisse und Marotten sind ihm ausgeliefert. Was Besuch nie zu sehen kriegt – die Brandlöcher im Teppich, da, wo immer so nett eine Bodenvase steht, die ungeputzten Schuhe im Keller, die heimlichen Laster und die heimlichen Leidenschaften –, alles breitet sich vor dem Wohnungshüter aus. Ich weiß das. Ich hüte ja selbst manchmal und denke: Du liebe Güte, solche doofen Zeitungen haben die abonniert? Sollten lieber mal ihren Kühlschrank abtauen, statt so was zu lesen.

12/92

«Schwester, bitte ein Kölsch!»

ALSO ... irgendwie widerstrebt es mir, der mindestens fünfzigjährigen Kellnerin mit den geschwollenen Füßen in den Gesundheitsschuhen nachzurufen: «Fräulein, ich hätte gern noch ein Bier!» Fräulein ... das Wort ist zu Recht fast vergessen, selbst die Herrlein nennen uns nicht mehr so, nur im Bedienungssektor hält es sich. Fräulein! rufen wir, und das Fräulein hat graues Haar und einen Ehering, aber es kommt und lächelt und fragt: Ja, bitte?, anstatt zu sagen: Ich zeig Ihnen gleich mal, was ein Fräulein ist! Was sollen wir aber denn nun rufen? Frau Oberin? Der Herr Ober ist der Herr Ober, aber eine Frau Oberin hat ja wohl eher was mit züchtigen Klosterschulen zu tun als mit dem Nachschenken von Bier. In Köln heißen alle Kölsch-Kellner Köbes. Das kommt von Jakob, und Jakobinen gibt es nur höchst selten, und man weiß bei ihnen auch schon gleich nicht, wie man sie rufen soll – Köbessin? Der Kölner behilft sich mit «Bring mir als noch e Kölsch, Mädschen», aber korrekt ist das auch nicht. In Bayern soll auch schon der Ruf «Frau Wirtschaft» gehört worden sein, wenn man sich nicht gleich mit «Zenzi» behilft. Wer sich nun um alles herumdrücken will, versucht es mit Blickkontakt oder Telepathie, aber das kann schon mal gründlich schiefgehen, und dann landet man doch wieder beim Fräulein oder bei Hallo! und kriegt unter Umständen zur Antwort: Der Hallo ist gestorben. Peng.

Wie denn nun aber? An Bankschaltern und Supermarktkassen haben Frauen mitunter Namensschilder an der Bluse, dann wissen wir: hier haben wir es mit Frau Schnitzler oder Frau Müller-Lüdenscheid zu tun. Im Zwiegespräch geht so was ja auch, aber würden Sie quer durch den Biergarten einer Bedienung nachschreien: Frau Hosenmüller, bitte noch drei Bier? Klingt anbiedernd, oder? Und das herrische «Bedienung!» kann's ja auch nicht sein.

Ob Azubi, Aushilfsstudent oder Gelegenheitskellner – «Herr Ober» ist immer richtig. Bei «Frau Ober» fühlt die angesprochene Bedienung sich wahrscheinlich veräppelt, also lassen wir es bei Fräulein. Und trösten uns damit, daß ja auch wir, längst im überreifen Alter, mitunter von einer Verkäuferin oder Bedienung angeredet werden mit «Und was darf's sein, Frolleinchen?». Da sind wir wieder quitt.

Zu diskutieren wäre jetzt höchstens noch die übergroße Eifrigkeit mancher Blätter, in jedem Satz und Begriff die LeserInnen gleichzeitig anzusprechen, alles andere wäre diskriminierend. Ich empfinde diese immerfort gleichzeitig männliche und weibliche Anredeform oft als albernen Eiertanz, heißt es doch «der» Mensch – schlechthin. Empörungsstürme unter lupenreinen Feministinnen (Verzeihung: FeministInnen – oder doch nicht?) brachen los, als ich mal aus Jux eine Radiosendung begann mit der Begrüßung: «Guten Abend, liebe Hörerinnen und Hörer an den Radiogeräten und -gerätinnen.» Humor darf nicht sein in dieser Beziehung! 2000 Jahre Unterdrückung wollen gerächt werden! Ja doch. Dann erbitte ich mir aus dieser Ecke jetzt einen Rat, was ich mit der geschätzten Kollegin Bedienung in puncto Anrede tun soll. Schwester, noch ein Kölsch? Frau Restaurantfacharbeiterin, bringen Sie mir bitte noch eine Gabel? «Mutter», sagte der Mann, mit dem ich neulich in der Kneipe saß, zu der älteren Frau, die uns bediente, und hielt ihr sein leeres Glas hin: «Mutter, komm, tu mal die Luft hier aus dem Glas.» Und sie nahm es und sagte: «Ist gut, mein Junge.»

13/92

Bussibärlein Gorbi

ALSO... wie kommen wir eigentlich dazu, uns wildfremden Menschen gegenüber Spitznamen herauszunehmen? Wenn ein Mann seine Liebste Mausi nennt und sie ihn Bussibär, bitte schön, sollen sie doch, die Kleinanzeigen in den Zeitungen sprechen ja täglich Bände solcher liebevollen Entgleisungen. Im trauten Heim ist alles möglich, nur, der Einwurf sei erlaubt, wenn Mausi dann mit Bussibär einen Anzug kaufen geht und vorm Verkäufer zu ihrem Gatten sagt: Bussibärlein, ich finde, im Schritt kneift er ... dann kann es schon mal peinlich wirken.

Aber wer hat damit angefangen, einen gestandenen Mann namens Michail Gorbatschow, dem die Welt ein anderes Gesicht verdankt, zärtlich Gorbi zu nennen? Unser Gorbi ist das nun, unser aller Bussibärlein Gorbi, und es geistert durch die Zeitungen und die Bildunterschriften, und die privaten Fernsehkanäle schrecken selbst in ihren Nachrichtensendungen nicht davor zurück, einen schweren, sorgenvollen, erwachsenen Mann niedlich Gorbi zu nennen. Oder erinnern Sie sich an Loki? Unser unnahbarer Bundeskanzler, Helmut Schmidt, hatte eine höchst herbe, knabenhafte Gattin namens Hannelore. Wie durfte die ganze Nation sie nennen? Loki! Unsere Loki, die den Alpenenzian für uns schützte. Als dann später wieder ein Kanzler Helmut und wieder eine Gattin Hannelore hießen, fiel uns zum Glück kein Spitzname mehr ein. Aber wir haben ja noch Nasti und Kati, nicht wahr? Nasti ist zwar inzwischen erwachsen und mehrfache Mutter, und sie hört eigentlich auf den schönen Namen Nastassja, aber wir machen sie zur kleinen Nasti, die uns allen gehört, und nicht mal bei einer wie aus Stahlbeton gegossenen Sächsin mit straußeneigroßen Beinmuskeln schreckten wir vorm putzigen Kati zurück. Aus Karlheinz Feldkamp wird Kalli, aus Andreas Möller Andi, und die Reihe ließe sich endlos fortsetzen. Irgendwer fängt an mit den verballhornten Niedlichkeiten – vielleicht sogar nur enge Freunde oder Sportskameraden, aber ein Reporterohr ist immer in der Nähe, und schwupp, schon ist das unser aller Kalli Nasti Andi Loki Kati.

Ich spreche aus leidvoller Erfahrung, denn mir glauben manche Leute auch ein «Else» nachrufen zu müssen, wobei ich dann meist versteinere. Ich bin nicht Eure Else, verdammt noch mal, und wenn ich durch meinen Beruf ein noch so öffentlicher Mensch bin. Klar, man wird erkannt, klar, man wird angesprochen, klar, das meiste davon ist nett gemeint, aber wenn ein Vater von zwei Kindern mit seiner Frau und ebendiesen Kindern irgendwo ein Eis ißt und jeder zweite kommt an den Tisch und sagt: «Hey, Thommy!» – ist das dann noch komisch oder auch nur erträglich? Ist es nicht. Ich nenne Ihren Mann ja auch nicht Bussibär, liebe Dame, und Ihre Frau nicht Mausi, verehrter Herr, also bitte. Wenn hingegen Humphrey Bogart in einem Film eine wildfremde und noch dazu tiefgekühlte Blondine einfach «Engelchen» nennt – «Engelchen», sagt er und schaut ihr schräg in die Augen –, dann kriegen wir Gänsehaut und wünschen uns, daß auch uns mal ein Mann, SO EIN MANN, einfach Engelchen nennen und so ansehen möge, wir würden uns nicht beschweren, nein, wir würden es genießen und für alle Zeit nur Engelchen heißen wollen.

Kommt eben, läßt sich zusammenfassend diese Betrachtung schließen, immer darauf an, wer was letztlich wann zu wem wo sagt. Vielleicht nennt ja Frau Möllemann ihren Jürgen heimlich Mölli. Wollen wir das nachmachen? Niemals!

14/92

Man müßte schwimmen gehen...

ALSO... sagt Claudia, als wir Freundinnen neulich mal wieder so gemütlich bei tüchtig Wein, Zigaretten, reichlich Essen und großzügig bemessenem Nachtisch zusammensitzen, jünger und schöner werden wir ja nun gerade nicht mehr, und irgendwie denke ich manchmal, man sollte etwas tun, um fit zu bleiben. Bleiben? fragt Birgit süffisant, und Monika sagt: Werden! Erst mal fit werden, das wär's doch schon. Wie machen das denn andere Frauen in unserem Alter? frage ich. Diane Keaton oder Jessica Lange oder Meryl Streep, warum sehen die immer so toll aus?

Ha, schreit Monika, wenn ich so reich wär wie Diane Keaton und ein Haus mit Pool und was weiß ich alles hätte, dann sähe ich auch toll aus. Da kommen doch jeden Tag die Kosmetikerin und die Gymnastiklehrerin und die Diätassistentin und was noch alles, und dann zieht Diane Keaton einen schneeweißen Trainingsanzug an und joggt mit ihrem Jogginglehrer durch den eigenen Park. Wir dagegen? Pah! Ich gebe zu bedenken, daß Diane Keaton mitten in New York wohnt und allenfalls im Central Park joggen kann. Wir könnten doch auch hier im Volksgarten ... Volksgarten? ruft Birgit, bist du verrückt, auf jedem Weg wahnsinnige Radfahrer, und dauernd stehst du in der Hundescheiße, und wenn du Pech hast, fallen die Köter dich auch noch an.

Hab ich versucht, im Volksgarten zu joggen, sagt Claudia, da kriegst du keine Luft wegen all der Autos im Stau drumrum. Laufen in der Großstadt, das halte ich für Wahnsinn. Dann lieber feste rauchen. Und steckt sich noch eine an. Man müßte schwimmen gehen, sage ich. Einmal oder zweimal in der Woche müßte man für eine Stunde schwimmen gehen, hier ist doch das schöne Kom-

bibad in der Nähe, und immerhin gibt's die enorm günstige Zeh-
nerkarte . . .

Kannst du vergessen, winkt Monika ab. Morgens ist es rappel-
voll mit Schulklassen, die kreischen und toben und spritzen, da
kannst du keine einzige ruhige Bahn ziehen, nachmittags sind die
energischen Rentner da und schwimmen einfach über dich weg.
Und außerdem, sagt Birgit, ist das so stark gechlort, du hast tagelang rote Augen wie ein Kaninchen.

Und die Haut, wirft Claudia ein, die Haut geht kaputt, ich war
da neulich, und ich sah aus wie ein Schnitzel. Wie ein Schnitzel?
staune ich, und Claudia zeigt mir ihre Beine. Ja, sagt sie, so wellig
wie falsch gebraten, und ganz schuppig. Ekelhaft. Und Herpes-
bläschen am Mund, fügt Monika noch hinzu, und ich erinnere
mich: nach jedem Schwimmen zum Frauenarzt wegen Tricho-
monaden. Genau! rufen alle erleichtert, und Schwimmen und
Joggen sind erst mal vom Tisch. Wir trinken noch ein Glas und
schweigen düster. Sollen wir uns mal so ein Fitness-Center ansehen? fragt Birgit, und Claudia heult auf: Willst du aussehen wie
Arnold Schwarzenegger? Immerhin, sage ich, wird Arnold
Schwarzenegger vielleicht mal Präsident der USA. Das will nun
niemand glauben, und wir sind endlich von dem peinlichen
Thema weg. Später am Abend stellen wir dann noch fest, daß
Radfahren in der Großstadt lebensgefährlich ist und daß man
selbst bei Gymnastik am offenen Fenster zu viel Abgase einatmet.
Aber irgendwas, da sind wir uns alle einig, irgendwas müßte mal
geschehen. Diane Keaton und Jessica Lange und Meryl Streep
tun's doch auch. Aber wie, wie denn bloß?

15/92

Warum wird ein Trend zum Trend?

ALSO... immer und immer habe ich für Kleider mit Blumenmuster geschwärmt – und wie hohnlächelnd mußte ich mich bei Nachfragen im Modeladen dafür ansehen lassen! Blu-men-muster? Was soll denn das sein, wer trägt denn das, nein, bedaure, bei uns kriegen Sie SO WAS nicht. Jetzt trägt jeder SO WAS. Jetzt liegen Rosen auf Blusen im Trend, und jetzt denke ich wieder mal darüber nach, warum ein Trend ein Trend wird – wer macht das, und wann und wie? Wer hat plötzlich diese kobaltblaue Mineralwasserflasche auf den Tisch gebracht? Zwar kommt das Wasser irgendwo aus einer englischen Kohlengegend – kann meiner Meinung nach gar nicht gut sein –, aber die alten Trendsetter-Mineralwasser sind seither so passé wie Mountainbikes. Das wissen Sie doch, daß Mountainbikes passé sind? Ach, das wissen Sie noch nicht? Sie strampeln noch auf diesem Monstrum durch die Stadt, Sie haben noch kein Hybrid-Rad mit einem Rahmen aus Chrommolybdän? Ach. Ich fürchte, dann liegt auf Ihrem Schreibtisch auch immer noch der falsche Füller, dieser dicke, protzige. Out. Protz ist out, Reichtum ist out, die neue Bescheidenheit ist angesagt, und wir sehen das nicht etwa moralisch, Freunde, wir sehen das markttechnisch. Das gilt nicht für alle Bereiche, versteht sich – das Bescheidene, meine ich. Swatch-Uhren zum Beispiel können Sie allenfalls noch sammeln, aber keinesfalls mehr tragen. Oh, sagt Jochen und schaut auf Thommys zartes Handgelenk, eine Jaeger le cultre, Damenausgabe, achteinhalbtausend. Das hat Stil, das ist teuer, das ist klassisch und zeitlos, aber ansonsten: bescheiden. Bitte keine Ohrgehänge mehr. Und bitte Silber statt Gold, allenfalls Weißgold, damit es wie Silber aussieht. (Juchhu! Endlich bin auch ich mal im Trend! Lebenslang trage ich ausschließlich Silber, Gold geht an mich nicht ran, nicht mal als Ehering. Endlich, endlich bin ich IN, wer hätte das je gedacht ...) Boxershorts? Weg mit dieser abnormen Scheußlichkeit, die sich unter den Hosen klumpt. Der feine Herr trägt den Slip mit angeschnittenem Beinchen, den uns Götz George in «Schtonk» vorführt. Damit kann man dann auch nicht als Shorts-Ersatz durch den Supermarkt oder die Fußgängerzone latschen – so hat der Trend zur neuen strammen Unterhose wenigstens eine der grausigsten Unappetitlichkeiten beseitigt, der Trend sei gegrüßt. Auch der Rucksack verschwindet wieder aus dem Straßenbild, wie ich sehe und höre. Die Känguruhtasche vorm Bauch hält sich noch bei ganz Unerschrockenen, ach ja, und alles Ökologische ist mega-in. Der Verstand sagt es uns nicht, der spricht ja überhaupt nur noch höchst selten zu uns. Aber der Markt sagt es: gesunde Eier von gesunden Hühnern, keine hormongebleichten Tiere, nur unbehandelte Äpfel, sonst schimpft Meryl Streep, die behandelte Äpfel ungesund findet, und nur noch reinwollene Hemden von glücklichen Schafen. Faith Popcorn, der weibliche Nostradamus des Marketings, sagt uns, zusammen mit ihren 2500 Mitarbeitern, diesen und andere Trends voraus. Trendforschung, sehen wir an ihrem Erfolg, liegt im Trend. Da wird jede Marktnische ausgespäht, und ehe wir uns versehen, sitzen wir schon drin. Kolumnen über Trends: voll im Trend!

16/92

Die kleinen Angeber

ALSO... können Sie sich noch daran erinnern, mit welcher Lässigkeit Sie geraucht haben, als Sie vierzehn, fünfzehn waren? Nicht nur Sie. Ich auch. Stundenlang wurde vorm Spiegel geübt, die Zigarette – brennend! – so im Mundwinkel zu halten, daß es mächtig cool war und daß trotzdem die Augen nicht tränten. Heute seh ich noch manchmal Jugendliche an der Straßenbahnhaltestelle stehen, Lederjacke, Cowboystiefel, Kopfhörer, Kippe im Mund, und sie haben Kindergesichter und denken, daß ich denke, sie wären mindestens Tom Cruise. Es rührt mich sehr. Wenn diese Herrlein etwas größer sind und ihren ersten Wagen an der Ampel aufheulen lassen können, sind die Fenster heruntergekurbelt und die Stereoanlage ist so laut, daß man noch im dritten Stock aus dem Bett fällt, und wer bisher noch nicht wußte, welchen Lärm Guns 'n Roses machen, der weiß es jetzt. Superman war da und hat es uns gezeigt. Wenn unser kleiner Wichtigtuer noch älter ist, sitzt er mir im Intercity gegenüber. Er ist noch nicht ganz eingestiegen, da hat er schon sein Laptop auf dem Klapptischchen aufgebaut und versucht den Zusammenbruch von sieben bis zwölf Großkonzernen durch fieberhaftes Arbeiten zwischen Mainz und Koblenz zu verhindern. Die Stirn ist in Falten gelegt, auf dem Sitz türmen sich Mappen und Fachliteratur, der Computer glüht, unser junger Freund ist der Wichtigste aller Wichtigsten aus den Chefetagen dieser Welt, das haben wir begriffen, der Großraumwagen staunt und schweigt. Abends im Lokal treffen wir ihn wieder. Da sitzt er und ißt eine teure Kleinigkeit, aber er kommt kaum zum Essen, denn er muß in sein portables Telefon murmeln und jemanden auszanken, der nicht genug Umsatz gemacht hat. Vielleicht, vielleicht ruft er ja auch bei seiner Mutter an und entschuldigt sich dafür, daß er ihren Geburtstag vergessen hat. Wir können das auch bei noch so gespitztem Ohr nicht hören, aber wir sehen seine nervösen Finger trommeln und seine Adern anschwellen, und er redet heftig und erschöpft, danach gleich noch ein Gespräch, und dann schiebt er entmutigt sein Avocadoparfait von sich, nur Ärger, nur Ärger, wie soll man da noch essen können. Auf der Autobahn im Stau ist Mr. X wieder neben uns, aber er ist auch neben uns Ecke Müller-Meier-Straße. Immer sitzt er in einem superteuren Auto, und immer telefoniert er gerade. Er kommt nie zur Ruhe, und die ganze Welt soll das – bitte! – sehen. Kann natürlich sein, daß er eine dieser Telefonattrappen hat, die gar nicht funktionieren. Kann sein – aber wer weiß das schon so genau? Als wir zum erstenmal unverheiratet mit dem damaligen ersten Mann unseres Lebens im Hotel übernachteten, hatten wir Eheringe für vier Mark von Woolworth und waren überzeugt davon, daß jeder an echtes, schweres Gold glaubte. So glauben wir auch an ständige Arbeitsüberlastung, an die 24-Stunden-nonstop-Wichtigkeit, ohne die man in Zug und Auto und Flieger nicht auskommt. Das Kind, das Erwachsensein spielt, überbrückt damit die Unsicherheit eines fatalen Zwischenzustands – nicht mehr klein und noch nicht groß. Und unser auffallend beschäftigter Herr? Vielleicht ist er ja nicht wirklich unwichtig, aber doch auch nicht so wichtig, wie er gern wäre. Also spielt er das uralte Spiel von Hahn und Pfau: er schlägt sein Rad, und wir sind beeindruckt. Das sieht er aus den Augenwinkeln, ist endlich zufrieden und sackt für ein glückliches Sekündchen weg. Aber danach muß er sofort telefonieren!

17/92

Wir werden wieder lieb...

ALSO... mein Freund Lurchi – so benannt nach dem tapferen Salamander, der mit den richtigen Schnürschuhen alle Probleme wie Superman regelt –, mein Freund Lurchi erzählte von einem Samstagmorgenbesuch in einem Supermöbelcenter. Es mußte sein, es mußte am Samstagmorgen sein, und die Massen schoben sich durch die Gänge, es war heiß, laut, voll, alle waren ungeduldig, gereizt, gestreßt, alle wollten etwas von der Fachkraft, Fräulein! hier und Bedienung! da, und können Sie nicht mal zu den Büromöbeln kommen, und warum ist denn verdammt noch mal kein Mensch bei den Futonbetten? Auch Lurchi brauchte Beratung und ergatterte endlich eine sogenannte Fachkraft, eine Dame mittleren Alters. Ganz vorsichtig formulierte er sein Anliegen, es war ihm durchaus klar, daß sie auf den letzten Resten ihrer Nerven durch diesen langen Samstag balancierte. Sie hörte ihm zu, nickte, lächelte freundlich und sagte: Ja, wir haben genau, was Sie suchen, und da kommen Sie jetzt mal mit, und ich zeig es Ihnen. Und sie schob ihn durch die Menge, freundlich nach rechts und links Auskünfte gebend oder rufend: Bin gleich zurück! Kleinen Moment bitte, ich bediene nur noch den Herrn hier – und Lurchi konnte nicht genug staunen. Wie machen Sie das, fragte er, wie schaffen Sie das, so ruhig und freundlich zu bleiben, und das in dem Gedränge und bei der pampigen Art vieler Kunden? Früher, sagte sie, konnte ich das auch nicht. Ich war immer fix und fertig, wenn so ein Tag vorbei war, und ich wollte meinen Beruf schon aufgeben. Ich habe die Leute angeblafft, habe schroff reagiert, habe gesagt: Sie sehen doch, daß ich hier bediene! Ich war gereizt und ungeduldig, unfreundlich und entnervt, und abends haben mir die Hände gezittert, und ich war wie tot. Dann hat die Firma uns einen Kurs angeboten: Freundlich sein! Ein

Spezialservice für uns und unsere Kunden: wir haben gelernt, zu lächeln, die Ruhe zu bewahren, nicht auszurasten, und ich sage Ihnen, das ist kein Trick für mehr Umsatz, das hilft mir persönlich. Seit ich nett bin, seit ich mich nicht provozieren lasse, nicht mehr zurückbelle, seit ich gelassen und freundlich bleibe, geht es mir wieder gut, und auf die meisten Kunden wirkt das sogar auch so: sie entspannen sich, lächeln, haben mehr Geduld und Verständnis und warten gern, bis man Zeit für sie hat. Soweit Lurchi, und er lächelt mich an, als ich gerade zynisch sagen will, das sei nun eine ganz besonders raffinierte Verkaufsstrategie. Ist es, und ist es nicht. Der Ton überall – in den Geschäften, auf den Straßen, im Betrieb – ist oft derart ruppig und aggressiv, weil wir uns alle dauernd so überfordert und angegriffen fühlen, daß wir alle darunter leiden. Mir geht es besser, wenn ich einen drängelnden Autofahrer freundlich vorlasse, als wenn ich ihm einen Vogel zeige und den Kampf um Zentimeter mit ihm aufnehme. Aggression strengt viel mehr an als Freundlichkeit, und vom Anschreien kriegt man das gleiche unangenehme Herzklopfen wie vom Angeschrienwerden. Vom Lächeln nicht. Lurchi hat recht. Ruppigkeit verkürzt das Leben. Und wenn uns jemand anschreit, wollen wir in Zukunft freundlich zurücklachen. Aber wo ist unsere Firma, die uns das in Kursen antrainiert? Allein ist es so schwer zu lernen!

18/92

Nur Frauen – die reine Freude!

ALSO . . . schrieb mir vor einiger Zeit eine Leserin, schreiben Sie doch mal was über die Sauna. Ich gehe, erläuterte sie diesen Wunsch, nämlich so gern in die Sauna, aber immer wieder gibt es da irgendeinen lüsternen Deppen, der das Ganze mißversteht und die Frauen anglotzt und abtaxiert, und dann ist es Essig mit Erholung und Entspannung. Ich kann nicht über die Sauna schreiben, weil ich nie in die Sauna gehe. Aber ich habe mich an etwas anderes erinnert, an ein wunderbares römisch-irisches Bad in einem gewissen Kurort. Da bin ich oft gewesen, und das ist eine etwa zwei Stunden dauernde Angelegenheit mit sauna-ähnlichen Einlagen: trockener Heißluftstrom, feuchter Heißluftstrom, Warmwasserbecken, Eiswasserbecken usw. Nur Frauen. Es gibt auch die sogenannten «gemischten» Tage, aber die habe ich als genauso unangenehm empfunden wie die Leserin ihren Saunabesuch: Irgendwer glotzt einem immer direkt auf den Busen, und das will man beim Gesundheitsprogramm wirklich nicht haben. Aber der reine Frauentag im römisch-irischen Bad – eine Freude. Wir sind unter uns, und wir sind sechzehn oder siebzig Jahre alt. Niemand taxiert und wägt ab, wir sehen alles ruhig und gelassen: die Narben der schweren Kaiserschnittgeburt, die welk gewordenen Brüste, immer noch schön, die breiten Hüften, die birnen- oder apfelförmigen Hintern, die oft unter engen Röcken so kläglich dick wirken und nackt so selbstverständlich und natürlich sind. Da stehen wir unter den riesigen, starken Duschen und haben alle andere und doch ähnliche Probleme mit unseren Körpern: zuviel Busen oder zuwenig, zu kurze Beine oder einen zu dicken Bauch, und keine von uns ist perfekt – Claudia Schiffer kommt hier nicht vor. Wir kennen uns nicht, aber wir lächeln uns zu, entspannt, tröstend. Auch Cellulite? Ja ja, das Alter . . . Hören

Sie mal, Sie haben so einen flachen, strammen Bauch, wie machen Sie das bloß? Gucken Sie mal meine Kugel an! Krampfadern sehen wir und Blinddarmnarben, und einmal habe ich erlebt, daß ein junges Mädchen eine ältere Frau angesprochen hat, die eine amputierte Brust hatte – ob sie mal die Narbe ansehen dürfe? Sie hätte immer solche Angst vor Brustkrebs und sähe das jetzt zum erstenmal. Sie durfte, und die Frau erklärte und erzählte, was bei der Operation schlimm war und was nicht und daß sie doch – Brust zwar ab – immerhin jetzt mit uns hier im schönen warmen Wasser schwimmen könne, anstatt tot zu sein, und das allein zähle doch wohl, oder nicht? Wir lachten alle und waren erleichtert, wieder hatte etwas ganz Drohendes seinen Schrecken ein wenig verloren. Nie habe ich soviel Liebe und Solidarität zu Frauen unter Frauen gespürt wie bei meinen Besuchen in diesem Bad. Heiter und gelöst betrachten wir uns, und kein Mann stört dabei und verteilt Zensuren nach dem Schön-oder-nicht-Kodex. Wir sind alle schön, und wir sind alle unvollkommen und wissen das und zwinkern uns schwesterlich zu. Ach, sagt eine zu mir, Sie kenn ich doch aus dem Fernsehen. Donnerwetter, Sie sind ja dicker, als man denkt!

19/92

Männer beim Einkaufen

ALSO... sagt sie, heute gehen wir beide mal schön in die Stadt. Er weiß nicht so recht. Unter «schön in die Stadt gehen» versteht er, ein bißchen Schaufenster gucken, ein gepflegtes Bier trinken und die Fußgänger mustern, die alle nicht so schön sind wie man selbst. Sie versteht darunter etwas anderes – er ahnt es: sie will ein Kostüm, nein, nicht diese Farbe, ein Hauch mehr Mauve, nein, nicht solche Knöpfe, eher Perlmutt. Und für ihn will sie einen Blazer, nein, bloß kein Karo, eher Streifen, nein, aber nicht dieses Blau, eher ein bißchen mehr ins Türkis, nein, die Taschen dürfen nicht aufgesetzt sein, auf keinen Fall die affigen Seitenschlitze, die machen einen dicken Hintern. Er seufzt still. Das kann heikel werden, aber man kann es ja mal versuchen. Er trägt ihr nicht das Täschchen, o nein, das ist vorbei, aber er schleppt später dann die Tüten. Was ist schlimmer, wenn für sie oder für ihn eingekauft wird? Für ihn ist Anprobieren eine Qual. Braucht er einen neuen Anzug, ist es eine mittlere Katastrophe. Erst will er gar nicht in die Stadt, dann nicht in den Laden, dann nicht in den dritten Stock zur Herrenabteilung – macht doch endlich die Herrenabteilung unten! Wir Frauen gehen für ein Blüschen auch bis ganz nach oben, aber wir kriegen die Kerle nicht hoch für ein Jackett! Und dann will er nicht in die Kabine. Ist er doch endlich drin, ruft er beim ersten Anzug dumpf von innen: Paßt! und ist nicht bereit, sich zu zeigen und «im Schritt» prüfen zu lassen, er kennt die Szene bei Loriot und fürchtet die Lächerlichkeit. Kauft sie für sich ein, probiert sie mit Lust Kleid um Kleid, kommt herausgetänzelt, dreht sich vor den Spiegeln, Schatz, wie findest du es denn? Schatz nickt mühsam, die Verkäuferin klatscht entzückt in die Hände: Sieht Ihre Gattin nicht wundervoll aus? Ja, sagt er, wundervoll, nimm das, Margret. Und

Margret sagt: Weißt du was, ich zieh doch noch mal das mit den Pünktchen an und dann noch mal das Blaue, und dann mußt du es ganz ehrlich sagen, welches mir besser steht, ja? Er seufzt, nimmt sich vor, ganz ehrlich zu sein, und sagt nach weiteren zwanzig Minuten: das Blaue. Sie denkt lange nach, legt den Kopf reizend schief, küßt ihn flüchtig und sagt der Verkäuferin: Also, ich glaube, ich nehme DOCH das mit den Pünktchen, das gefällt dir doch auch, Schatz, ja? Aber ja, es gefällt ihm auch, und die Verkäuferin sagt: Ihre Frau weiß, was sie will. Warum nimmt sie ihn mit, warum geht er mit? Und wenn er etwas braucht, warum geht er nicht allein? Ist er wirklich ohne seine Frau nicht in der Lage zu sehen, ob die Ärmel zu kurz und die Hosen zu eng sind? Einkaufende Paare machen zumeist einen tief desolaten Eindruck, vor allem der männliche Teil. Kann dem nicht abgeholfen werden? Schön ist es nur, Rentnerpaaren im Supermarkt zuzuschauen. Mutti, sagt er und schmatzt, koch doch mal wieder Böhnchen. Und Mutti kauft Böhnchen, und Vati stellt sich schon mal an der Fleischtheke an für ein gutes Stück Speck. Da kennt er sich aus, da gibt es keine Peinlichkeit und keine Pünktchen.

20/92

Weine nicht,
Deutsche Bundesbahn...

ALSO ... heute wollen wir mal über die Deutsche Bundesbahn nachdenken – das ist dieses Unternehmen, das in den nächsten Jahren sein Personal halbieren will. Wir sehen dem mit Kummer entgegen, ist doch jetzt schon das Telefon der Reiseauskunft immer besetzt, weil unbesetzt, sind doch jetzt schon von zehn Schaltern in der Hauptreisezeit gerade mal drei nicht geschlossen, und es ist uns schon lange nicht mehr gelungen, vor Fahrtantritt eine Karte zu kaufen – das machen wir nur noch im Zug. Nein, uns ist auch aufgefallen, daß im Speisewagen, der recht eigentlich aus zwei Speisewagen besteht, nur ein Teil «eingedeckt» ist. «Bitte nur da hinsetzen, wo auch eingedeckt ist!» – im anderen Teil wird nicht bedient – kein Personal. So viele Arbeitslose, und hier kein Personal? Und in Zukunft noch die Hälfte weniger? Wie kommt es nur, daß ich das alles nicht verstehe? Im eingedeckten Wagen sind übrigens sechs Plätze belegt: der kleine Tisch ganz vorn rechts für die ewig ratternde Kasse, der Vierplatztisch links daneben für die Handtasche der Bedienung – das muß so sein, Gewerkschaft!, falls die Bedienung sich mal setzt und eine raucht, was einzusehen ist –, aber gleich der ganze Tisch, vier Plätze? Während die Leute anstehen um einen Sitzplatz? Und wehe, sie setzen sich mit ihren Kindern, und die wollen da nur eine Cola – «Wo eingedeckt ist, gibt's nur Essen». Freundlich ist der Ton, in dem man das gesagt kriegt, nur selten. So, und jetzt ist mein Ton auch nicht mehr freundlich, liebe Bundesbahn, deren häufiger Benutzer ich bin! Jetzt zähle ich dir, die du immer teurer wirst und immer verspäteter durch die Gegend schlurfst, mal ein paar Erlebnisse der letzten Zeit auf: Wehe, man will von Köln nach Kassel – man fährt vier Stunden, hält 22 mal, es gibt im Zug nichts zu essen und zu trinken; Deutschlands West-Ost-Verbindung findet nicht statt. Wehe, man will, nein, man muß auf einem Bundesbahnhof zur Toilette! Beispiel: eine Stadt im Badischen: eine Stunde Wartezeit auf den nächsten Zug. Keiner in keinem Laden, der bereit wäre, ein Markstück in Klogroschen zu wechseln. Also: Zeitungskauf, Wechselgeld. Von drei Toiletten sind nun aber zwei defekt, und die dritte ist, tja, da gibt's nun kein anderes Wort, so vollgeschissen, daß man nicht mehr kann, auch wenn man noch so muß. Also kneift man eben eine Stunde zu, bis der Anschlußzug kommt. Nun haben wir den ICE, der zwar mit seinen steilen Schallschutzwänden unsere Landschaft zerschneidet, aber so schön schnell fährt, daß wir vielleicht endlich die blöden Inlandsflüge (von Köln nach Frankfurt!) lassen können, aber auch der ICE-Luxus hat seine Macken –: «Nein», sagt der Schaffner, «telefonieren können Sie jetzt nicht, solange wir durch diese Tunnels fahren, das geht erst wieder nach Fulda.» Hauptsache, wir können zum Mond fliegen, was müssen wir da unsere Züge mit Antennen zum Telefonieren ausstatten – wenn sie nun denn schon mal ein Telefon als Service anbieten. Kann man an euren Schaltern jetzt endlich mit Kreditkarte bezahlen? Nein, noch immer nicht? Na fein. Fahrt nur ewig im 19. Jahrhundert, immer mehr Defizit durch immer unzufriedenere Kunden, und als Fazit wird dann, weil man rote Zahlen schreibt, das Personal halbiert. Weine nicht, Deutsche Bundesbahn. Hinter den sieben Bergen bei den vielen Bonner Zwergen, da gibt es einen, der ist noch unerträglicher als du, noch unzuverlässiger, teurer und arroganter, das ist die Deutsche Bundespost. Die nehmen wir uns dann ein andermal vor.

P. S.: Vielen Dank! Seit Mai ist der neue Fahrplan mit den IC-Städteverbindungen raus, und schon Ende Juli gab es den am Schalter. Na bitte, es geht doch!

21 / 92

Das gute alte Sonntagskleid

ALSO... haben Sie auch noch so ein Kleid oder gar mehrere im Schrank hängen «für gut»? Das sind Kleider, die etwas teurer waren als nötig und die etwas empfindlicher sind als angenehm und etwas zu chic für montags. Dieses helle mit den Blümchen, der Rock zu eng zum Radfahren, aber Ausschnitt gewagt, es knittert auch sehr, sieht aber, lehnt man einfach nur wie ein Fotomodell verträumt damit an einer sonnenüberfluteten Wand, bezaubernd aus. Nun lehne ich in meinem Alltag relativ selten verträumt an sonnenüberfluteten Wänden. Und zum Einkaufen ist das Kleid zu aufgedonnert, für zu Hause zu unpraktisch, es ist überhaupt zu, zu ... ja, es ist eben das gute alte Sonntagskleid, und das haben wir nicht mehr, wollen wir nicht mehr haben, kriegen wir nicht mehr rein – eigentlich. Wir haben es eben doch noch, es steckt noch in den Knochen aus den Zeiten, als Mutter sagte: «Und bitte, mach nicht die weißen Kniestrümpfe dreckig, geh BITTE ausnahmsweise um die Pfützen herum, und wisch am dunkelblauen Matrosenkleid BITTE NICHT die Hände ab.» Wir haben das Matrosenkleid und die Kniestrümpfe von Herzen gehaßt, aber es gab auch geliebte Sonntagskleider: das aus grünem Taft für den Schlußball, das so schwer zu bügeln war und nur selten angezogen werden durfte – wie eine Prinzessin kam man sich darin vor. Und so ist wohl heute tief in der Frauenseele ein Restwunsch: Außer Jeans und praktischen Blazern möchte ich was «für gut» haben, in dem ich immer toll aussehe, wenn plötzlich mal was ist. Was ist denn plötzlich mal? Zu Freunden gehen wir auch eher salopp gekleidet, sich für die Oper aufzudonnern, überlassen wir dem ländlichen Abonnement, uns steht ganz schlicht einfach besser. Und so hängt das gute Kleid. Es ist Größe 38. Es ist relativ zeitlos in Schnitt und Farbe – relativ. So ganz modern ist es schon nicht mehr. Ehrlich gesagt, stimmt auch Größe 38 so ganz nicht mehr, alles tendiert doch schon zu 40, aber mit Baucheinziehen – doch, es geht noch. Nur wann? Wann zieht man es an? Eine Stehparty übersteht man darin nicht mehr. Beim Sitzen spannt es. Zum Stadtbummel ist es zu auffällig. Blöde Anschaffung. Und wieder kommt es auf den Speicher, bis es irgendwann irgendwer geschenkt kriegt, und man hat es gerade einmal getragen – am ersten Tag, als es neu war. Am ersten Tag trägt man immer alles, und das ungute Gefühl, das sich dann oft einstellt und flüstert: «Fehlkauf, Fehlkauf!», das geht nie wieder weg, das Schicksal des zweiteilig Geblümten ist besiegelt. Sonntagskleider. Machen wir noch Unterschiede? Sowenig wir den Sonntag noch so leben wie früher (Kirchgang, Braten, Familienausflug), sowenig macht der Sonntagsstaat noch Sinn bei uns Großstadtmenschen. Auf dem Land ist das wohl noch anders, obwohl da inzwischen auch schon wetterbedingt sonntags gearbeitet werden muß, im Stall ja ohnehin, und was soll dann der Feststaat? Und trotzdem – ich ertappe mich immer wieder beim Stadtbummel, daß mir etwas Glitzerndes, etwas aus besonders schönem Stoff, etwas mit ausgefallenem Schnitt ins Auge sticht, und die eine Stimme sagt: «Brauchst du nicht! Trägst du nicht! Ist nicht dein Stil!», die andere flüstert bösartig lockend: «Aber FÜR GUT!» Nichts für ungut.

22/92

Der Alleinunterhalter

ALSO... schreit der Mann am Nebentisch seinen Freunden zu, kennt ihr denn den schon: Treffen sich ein weißer und ein schwarzer Mann, sagt der Weiße: Du schwarz! Sagt der Schwarze: Ich weiß! Es dauert eine Weile, bis alle den begriffen haben und lachen, und auch Karl und ich lachen, obwohl uns der Kerl auf den Senkel geht. Seit wir hier sitzen und in Ruhe essen und dabei etwas besprechen wollen, unterhält der schon die ganze Kneipe. Zuerst hat er von seiner neuen superscharfen Freundin erzählt, wir sind nun alle im Bilde, und wir konnten seine Lautstärke noch auf übergroßes Glück zurückführen. Inzwischen wissen wir, daß es den Mann dazu drängt, die Menschheit zu unterhalten – er muß laut sein, er will laut sein, er ist laut. Er kennt Witze und erzählt sie, er weiß tolle Geschichten und gibt sie zum besten, und mit dem Kellner diskutiert er auch über Sinn und Unsinn von Speck im Kartoffelsalat. Mir fallen diese Anzeigen aus der Zeitung ein: «Alleinunterhalter hat noch Termine frei.» Dies muß so einer sein, vielleicht sitzt er auch heute abend mit der Hammondorgel im Brauhaus und unterhält die Vertreterfeier. Muß es alles geben, «wem's gefällt», sagte meine tolerante Tante immer, «wem's gefällt ...». Aber warum unterhalten sie uns alle mit, die Scherzkekse der Nation? Warum drängt es sie im Zug, uns ein Gespräch aufzuzwingen, das ihren unbeschreiblichen Humor zutage fördert? Warum sieht sich der Herr im Café Anerkennung heischend um, nachdem er lautstark mit der Kellnerin gescherzt hat? Sollen wir ihm nun zurufen: «Donnerwetter, Sie toller Hecht»? Es gibt einfach Leute, die drängt es dazu, sich zu produzieren, und damit müssen wir leben, Freunde. Einige von denen treibt es gleich ins Fernsehen, da stehen sie nun und machen unerträgliche Lachnummern, und wir heulen auf und schalten schnell um. Da geht das. Wir müssen nicht Zeuge sein, wie dem Herzensbrecher das Herzenbrechen mißlingt und nur Brechen angesagt ist. Wir müssen nicht zusehen, wie anstrengend das Komisch-Sein ist, wenn man dafür bezahlt wird. Aber diese lustigen Witzbolde im Fahrstuhl, die sogleich eine Posse zum besten geben darüber, was jetzt passiert, wenn wir steckenbleiben, «na, kleines Fräulein, da werden Sie mich kennenlernen, im Dunkeln bin ich nämlich nicht zu schlagen . . .». Was machen wir mit denen? Führen wir alles zurück auf ein frühkindliches Trauma? Denken wir an die tolerante Tante und sind selbst eine? Oder sagen wir rigoros: «Halt doch die Klappe, du Depp»? Wenn der Zug die schöne Strecke am Rhein entlangfährt, gibt es immer einen, der seiner Liebsten und damit auch stellvertretend dem ganzen Großraumwagen erklärt, welche Burg wir gerade dort oben sehen und welcher Ritter da mal welche Heldentaten vollbracht hat. Will er, daß wir ihm nun alle fünfzig Pfennig geben? Nein, er will, daß wir ihn lieben und bewundern, er hat in deutschen Fernsehshows à la «Wetten, daß . . .» und «Nase vorn» gelernt, daß nur der Erster wird, der mehr weiß und kann als andere, und daß er so einer ist, sollen alle sehen und hören. Er muß sich produzieren, er muß die Gesellschaft am Tisch unterhalten, sonst hat er Angst, gar nicht dazusein, nicht bemerkt zu werden. Der Alleinunterhalter, der noch Termine frei hat, hat das zum Beruf gemacht. Den fröhlichen Entertainer im Lokal müssen wir für einen Abend ertragen. Irgendwas will er uns schon sagen mit seiner Kür, und sei es auch nur: «Hilfe!»

23/92

Der Ball ist rund

ALSO... dies wird die Geschichte von Walter, Reinhold, Helge, Lurchi und Bernd. Lauter gescheite Kerle mit vernünftigen Berufen und vernünftigen Ansichten, aber ach. Zwar liest der eine lieber Stephen King und der andere Ignazio Silone, einer schwärmt für Großfamilie mit vielen Kindern, und einer pusselt am liebsten allein rum, einer fährt mit Leidenschaft Sportwagen, der andere hat überhaupt kein Auto, ihr Geschmack in puncto Frauen ist so verschieden wie ihre Art, sich anzuziehen, trotzdem sind sie auf wundersame Weise Freunde, und zwar eint sie ein Thema: Fußball. Nein! Es eint sie gar nicht, es trennt sie, aber gerade dieses Trennende, so wenigstens scheint es mir, die ich das von außen beobachte und nichts verstehe, dieses Trennende eint sie. Da ruft am Samstag Lurchi an und schreit nur ins Telefon: «Sag deinem Alten, 100 auf St. Pauli», und hängt ein. Ich sag es, er bellt böse, wählt eine Nummer und schreit: «150 dagegen und zusätzlich 60 auf BVB.» Dann wird aufgelegt und ferngesehen. Mitten im Fernsehen – natürlich läuft ein Fußballspiel, irgendeins, mit krummbeinigen, kräftigen Jungens in kurzen Hosen auf einem grünen Rasen – springt der Meine auf, greift wieder zum Telefon, wählt und brüllt nur: «Hahaha!» und legt auf. Kurze Zeit später, als das Telefon wieder klingelt, ist es Walter. «Frag ihn mal», sagt er zu mir, weil Bernd im Moment nicht ans Telefon kann, «frag ihn mal, wann er mit seinem Scheiß-Verein endlich mal die Frage des Vorstoppers klärt, frag ihn das.» Zack, eingehängt, ich frag ihn das. Er tobt, wählt, schreit: «Den parken wir bei Duisburg ein, und wenn wir ihn brauchen, holen wir ihn!» Fällt das Wort «Duisburg», ist Reinhold aus mir unerfindlichen Gründen aus dem Häuschen, bei St. Pauli flippt Lurchi aus. Walter verbindet eine Dauerkarte mit dem FC Köln, Bernd ist für die

Bayern, und Helge sieht das alles philosophisch, trägt aber neuerdings so einen rot-weißen Schal. Bernd hat Fähnchen und Kuhglocke, Reinhard Schirmmütze und Walter Fahne, jeweils in wichtigen Farben. Dergleichen schenken sie sich mit hämischem Grinsen zu den Geburtstagen, und das wird dann aus Freundespflicht getragen. Früher dachte ich, unsere intellektuellen Männer, die halt mal so ein bißchen für Fußball schwärmen, wären nicht zu vergleichen mit der Jubelfraktion aus der Südkurve. Nicht zu vergleichen? Sie sind nicht mehr zu unterscheiden. Sie reden von Litti und Rudi, Toni und Andi, und Berti muß weg, aber Klinsi ist klasse. Sie tragen Wetten aus und haben ein eigenes Konto dafür, von dem Geld wollen sie 1994 zur Fußball-WM nach Amerika fahren. «Amerika?» frage ich, «spielen die denn da auch Fußball?» und werde dafür mitleidig angesehen. Bernd verteidigt mich: «Früher», sagt er, «war sie immer in Gelsenkirchen auf Schalke und kannte alle Spieler.» – «Ja», sage ich, «früher, da war ich auch noch klein, jetzt sieht das Leben doch irgendwie anders aus.» Aber mehr kann ich dazu nicht erklären, denn im Fernsehen reden zwei ganz, ganz wichtige Spieler zum letzten Spiel von Duisburg und finden das nun «total super». «Wie haben Sie sich gefühlt bei dem Spiel?» fragt der Reporter, und die Spieler sagen: «Total super.» Reinhold, der mir kürzlich einen Vortrag über die Schönheit der Sprache bei Silone gehalten hat, kriegt glänzende Augen und murmelt: «Super. Einfach total super.»

24/92

Nirgends mehr klare Verhältnisse

ALSO ... früher war eine Tankstelle noch eine Tankstelle. Da gab es Benzin für den Tank, Öl für den Motor, Luft für die Reifen, Wasser für die Scheiben und Landkarten für den Fahrer. Der Mann im Overall wechselte Glühbirnen aus und hatte Reservekeilriemen und Fellbezüge für das Lenkrad anzubieten, das war's dann aber auch. Irgendwann lagen neben der Kasse Hustenbonbons und Zeitungen für den Beifahrer. Dann gab es Andenken an die Gegend, durch die man autobahnmäßig gerade brauste. Das Sortiment wurde erweitert: Schokolade, Knabbermischungen, Getränke. Jede Menge Getränke, auch alkoholische, und natürlich alle Illustrierten, alle Tageszeitungen, die Comics für die Kleinen. Ach, warum sollte der gestreßte Fahrer nicht an seiner Tankstelle einkaufen können – Brot und Dauerwurst, Tafelrotwein, sämtliche Zigarettenmarken. Die Tankstelle als Supermarkt, in dem zufällig auch Benzin verkauft wird. Kaffee, Holzkohle und Stofftiere können wir kaufen, aber es sieht schlecht aus mit dem Glühbirnchen für links hinten, vor allem ist niemand da, der es reinmachen könnte – Selbstbedienung beim Tanken, und der ehemalige Tankwart sitzt jetzt an der Kasse und wacht über seine Schokoriegel. Ähnlich bunt wird es allmählich in unseren Apotheken. Längst sind das keine Pillen- und Salbenarsenale mehr, sondern Kosmetikdepots, Windelstätten, Süßwarenläden mit Traubenzucker, Vitaminbrause, Fruchtgummi, Salmiakpastillen. Da finden wir die Fruchtkekse und Zahnpasta, den Augen-Make-up-Entferner und die Bodylotion, und allerlei Zeitschriften mit gesunden Rezepten locken: Nimm mich mit! Nichts ist mehr, was es ist, alles ist mehr – das Kino ist Futterstübchen mit Film als Beiwerk zu Eis, Popcorn und Cola. Warum kann man unterdessen nicht seinen Trenchcoat reinigen und seine Schuhe neu besohlen lassen? Läuft neunzig bis hundert Minuten, so ein Film, das müßte doch reichen – die neuen Kinopaläste bieten soviel Drum und Dran an, daß doch ein bißchen Service dieser Art auch noch drin sein könnte. Im Theater gibt es vorher, nachher, in der Pause den Sektstand und den Büchertisch. Keine Sportveranstaltung ohne Würstchenbude, kein Rockkonzert ohne Läden mit T-Shirts, CDs, Anstecknadeln, und ganz wunderbar ist es ja beim Friseur: nicht nur alles an Gels und Wässerchen und Shampoos für die Haare können wir da kaufen. Nein, es gibt Ketten und Ohrclips, Seidentücher, goldene Gürtel, Schminktäschchen und Haarschleifen, Kämme und Borstenbürsten, und überall, wohin wir auch kommen, gibt es etwas über das hinaus, was wir wollen. Der Teeladen führt nicht nur alles, was zum Tee gehört, sondern auch bemalte Lacktabletts aus China, vom Kaffeegeschäft wollen wir erst gar nicht reden – das sind ja die Erfinder der neuen Mischkultur: das Badetuch, das gute Buch, der Stockschirm und der Dampfkochtopf zum Pfund Kaffee! Nirgends mehr klare Dienstleistungsverhältnisse. Ich war lange nicht in der Kirche, wie alle, die als Kind zu oft hineingezwungen wurden. Wie mag es zugehen in den Gottesdiensten – wird noch gepredigt, oder spielt die Orgel Werbeslogans? Gibt es den Abendmahlswein schon in Flaschen zum Mitnehmen? Ich werde das recherchieren.

25/92

Menschen im Abteil

ALSO ... eine der groteskesten Lebens- oder Wohn-
gemeinschaften auf Zeit ist das Sechsmannabteil im Zug. Jeder
will natürlich ein Abteil für sich allein haben, und anfangs sitzt
auch nur je ein Mensch pro Abteil. Aber es wird voller. In Bonn
sind wir schon zu viert, ab Koblenz zu fünft, und in Mainz sind die
sechs komplett. Bei jedem Neuankömmling gucken die anderen
böse: Man kennt sich jetzt gerade, hat sich arrangiert, da kommt
dieser neuerliche Störenfried – wird er husten? Hat sie ein gräßli-
ches Parfüm? Wird es so ein rücksichtsloser Bein-Ausstrecker
sein? Nun muß auch das letzte Täschchen hoch ins Gepäcknetz.
Sechs einander wildfremde Menschen sitzen für die nächsten
Stunden eng beieinander und beobachten sich heimlich aus den
Augenwinkeln. Immer ist einer dabei, der sofort zu essen anfängt.
Ein Butterbrötchen aus Knisterpapier, eine Tafel Schokolade oder
– ganz schlimm – eine Apfelsine. Wird sie geschält, riecht das
ganze Abteil. Danach gibt es ein stinkendes Erfrischungstüchlein
gegen Klebehände. Die Stimmung gegen den Esser ist scharf wie
ein gewetztes Messer – der hat uns hier noch gefehlt! Der junge
Mann mit dem modischen Haarschnitt und der Designeruhr sieht
die rothaarige überforderte Kämpferin für die Rechte der Frau
solidarisch an: Ist dieser Kerl nicht ein Kotzbrocken, jetzt schält er
auch noch einen Apfel! Die Rothaarige (Henna) liest eine Bro-
schüre «Frauen für eine neue Verfassung». Sie streicht an, macht
auf fliegenden Blättern Notizen, die Blätter rutschen ihr vom
Schoß, der kinnlose blasse Adelige mit dem riesigen Siegelring
bückt sich, hebt auf. Er trägt Nadelstreifen, Anzug mit Weste,
Seidenschlips, er sieht ungeheuer vornehm aus und liest ein dickes
Buch über «Die großen Kunstraube». Der Typ mit den teuren
Schuhen und der Designeruhr blättert in der «Bauwelt», versucht

aber eigentlich Blickkontakt zur Studentin herzustellen, die völlig versunken ist in Simone de Beauvoirs «Alle Menschen sind sterblich» und gar nicht merkt, daß ihr vielleicht das Glück ihres Lebens gegenübersitzt. Der Esser kramt in seiner Tasche, ah, da kommt ja noch ein Stückchen Marmorkuchen in Silberpapier zum Vorschein. Er kann hochmütig abwinken, als der Erfrischungsmann mit dem kleinen Wagen kommt. Die Feministin muß einen Kaffee trinken, aber wo abstellen? Sie sitzt in der Mitte, da gibt es kein Klapptischchen, also immer vorbeilangen an der Rentnerin mit dem Frauenblatt, die schon lange darauf wartet, irgendwie Gutes tun zu können, hilfreich zu sein, dafür ein Gespräch über die Probleme am englischen Königshof anknüpfen zu können. Das Gespräch kommt stockend in Gang, ausgerechnet mit dem Esser, der auch findet, daß Prinzessin Diana zu dünn ist. Die Studentin guckt irritiert hoch, der Designertyp wittert seine Chance, grinst keck – nichts: «Alle Menschen sind sterblich.» Die neue Verfassung für Frauen wird mit großen Kaffeemengen zügig vorangetrieben, in Mannheim steigt der Adelige aus, und alle lauern: Wer kommt jetzt, wo wir es gerade so nett hier haben?

26/92

Deutschland den Deutschen?

ALSO... nein, eigentlich gibt es keine Ausländerfeindlichkeit bei uns: der US-Tourist, der japanische Geschäftsmann,
der englische Rockmusiker – keinem von ihnen wird mit Aggression und Feindseligkeit begegnet. Der Haß richtet sich gegen
die, die bei uns Schutz und Arbeit suchen, gegen Arme, Farbige,
inzwischen auch schon wieder gegen Juden, gegen Behinderte –
gegen alles, was ANDERS ist und daher als bedrohlich empfunden wird.

Das ist eine Art Klassen- und Rassenhaß, und so etwas kommt
aus zwei Quellen: aus der Dummheit auf der einen und der Unzufriedenheit auf der anderen Seite. Gegen Dummheit kann man
fast nichts machen. Man kann höchstens die DEUTSCH-
LAND-DEN-DEUTSCHEN-Schreier mal bitten, doch ihre
Großeltern nach ihren Wurzeln zu fragen und nach den Wurzeln
wiederum von deren Großeltern – ich glaube, da käme manch
einer ganz schön ins Staunen darüber, wer alles wann irgendwoher gekommen ist und irgendwo hängengeblieben: nach zwei
großen Kriegen in diesem Jahrhundert in unserem Land, nach
Völkerwanderung und Vertreibung oder auch wegen Abenteu-
erlust, Arbeitsplatzsuche, aus Liebe, der Familie wegen, aus
Hunger, Unzufriedenheit oder vielen anderen Gründen bewegen
sich die Menschen weg von dem, was einmal «Heimat» war, zu
neuen Heimaten – keiner von uns ist so DEUTSCH, wie es die
Nationalisten gern hätten, sie selbst auch nicht. Meine Vorfahren
kommen fast von der russischen Grenze, mein Mann wurde in
der Tschechoslowakei geboren, seine Familie väterlicherseits
lebte lange in Afrika, mütterlicherseits in China, meine Freundin
ist Jüdin und lebt in Berlin, meine Arbeitskollegin ist ungarischer
Abstammung, mit einem Schotten verheiratet, ihre beiden Kin-

der sind in Deutschland geboren – Deutschland den Deutschen? Es ist zum Lachen.

Uns sieht man nicht an, was sich alles in unserem Blut mischt. Dem Türken, dem Schwarzen, dem Inder, dem Vietnamesen sieht man seine fremde Herkunft an, und weil er so anders ist als wir, sind wir also automatisch besser? Wie gesagt: Gegen Dummheit kann man fast nichts machen! Abgehakt.

Anders ist es mit der Unzufriedenheit. Die müssen wir, die müssen unsere Politiker ernst nehmen, die Unzufriedenheit vieler Menschen ohne rechte Lebens- und Arbeitsperspektive, mit Zukunftsangst, mit Haß auf alles Unbekannte, Fremde, das ihnen bedrohlich vorkommt. Wir sind ein reiches Land, in dem gleichwohl Not und Armut herrschen, aber um uns herum sind Menschen, die in ihren Ländern nicht die geringste Chance haben – Bürgerkrieg, politische Verfolgung, nichts zu essen, keine Arbeit. Sie machen sich auf den Weg und kommen zu uns. Wie sollen wir das verkraften?

Ich habe auch keine Patentrezepte, ich weiß nur, daß wir nicht allein so wohlhabend geworden sind, nicht nur durch deutschen Fleiß, sondern auch durch die Hilfe zahlloser ausländischer Arbeiter und durch eine Wirtschaftspolitik, die oft genug rücksichtslos auf Kosten der armen Länder Vorteile für uns herausschinden konnte. Jetzt ist Zahltag. Zahltag nicht nur bei uns, sondern in ganz Europa, das sich zu einer Art Festung gegen die armen Länder entwickelt.

Täglich landen Schwarzafrikaner an Spaniens Küste – die wenigsten davon sind wirklich politisch verfolgt, die meisten kommen «nur» aus Hunger; keine Arbeit, nichts zu essen in ihren Heimatländern, aber Europa mauert sich ein. Bald werden die Algerier kommen, die die Machtergreifung islamischer Fundamentalisten fürchten, und der spanische Ministerpräsident Felipe Gonzáles hat sogar zugegeben: «Wenn ich 20 wäre und Nordafrikaner, würde ich in so ein Boot steigen. Und wenn ich das Glück hätte, ans Ziel zu gelangen, und man schickte mich zurück, würde ich es einen Monat später noch einmal probieren.» Ja, und das würden wir alle, wenn wir in Not wären.

Gegen diese Not gibt es den Artikel 16, das Kronjuwel unserer

Verfassung, und daran wird jetzt herumgekürzt, weil der Mob von der Straße danach schreit. Wenn sie morgen verlangen, daß die Todesstrafe wieder eingeführt wird, geben unsere Politiker dann auch nach, weil sonst rechte Wählerstimmen verlorengehen? Mehr als jedes andere Land haben wir, die wir im letzten Krieg Millionen Hilfesuchender über die Grenzen trieben, die Verpflichtung, offen zu bleiben – an den Grenzen, in den Köpfen, in den Herzen.

In Berlin bei der großen Demonstration am 8. November wurden nicht die Ausländer ausgebuht, sondern die Politiker. Einen Tag später fand in Köln auf dem Chlodwigplatz eine 100 000 Mann starke Demonstration statt, vier Stunden lang Musik und Reden, vier Stunden lang Ausländer und Deutsche Arm in Arm und keine Störer und keine Krawalle – das hat was mit dem besonderen, freien Geist zu tun, der schon immer in Köln wehte, aber auch mit der wohltuenden und von den Organisatoren bewußt geplanten Abwesenheit von Politikerprominenz. Diese Politiker wollte man nicht sehen, die herumlavieren auf einem gefährdeten Schiff und denen nichts einfällt, als immer mehr nach rechts zu driften – der Wählerstimmen wegen. Nein, der Staatsnotstand, lieber Herr Kohl, ist nicht im Land, sondern in der Moral einer solchen Regierungstruppe, die mit unglaublicher Staatsmacht in Wackersdorf, Brokdorf, bei der Startbahn West gegen links anrückte und die so seltsam tatenlos zusieht, wenn rechts Menschen angezündet werden – da werden die Opfer evakuiert und die Täter halbherzig abgeurteilt, das Grundgesetz aber verändert.

Das sollten wir Bürger, die wir noch WÄHLEN können, uns nicht bieten lassen. Und wir sollten uns nicht bieten lassen, daß Beifall geklatscht wird, wenn Ausländerhaß sich vor unseren Augen entlädt. Ich will nicht, daß die Schreihälse recht kriegen durch die Politik. Ignatz Bubis, Vorsitzender des Zentralrates der Juden, äußerte auch seine Zweifel am Verstand der politischen Klasse in Deutschland, als er sagte: «Es ist, als würde man die Leute ermuntern, mehr Brandsätze zu werfen: Täglich können sie ihre Erfolge an immer verrückteren Vorschlägen zur Asylpolitik ablesen.»

Ich möchte, daß sie hierbleiben – die türkischen Gemüsehändler und die italienischen Pizzabäcker, die persischen Ärzte und die

afrikanischen Ingenieure, die philippinischen Krankenschwe-
stern, die griechischen Wirte, die indischen Taxifahrer. Und für
die, die jetzt bei uns Hilfe suchen, muß eine Möglichkeit gefunden
werden. Sonst sieht Deutschland eines Tages wieder so aus, daß
wir Journalisten und Intellektuellen, die Künstler, Musiker,
Schriftsteller, die, die ihren Mund aufmachen gegen das ewig ge-
strige Denken aus der Mottenkiste der Nationalitäten, irgendwo
anklopfen und um Asyl bitten müssen. Die 100000 in Köln standen hinter ihren Künstlern. Sie hörten auf ihre Lieder und Texte.
Hinter ihren Politikern stehen sie nicht mehr.

Es sind viele, rechts. Schon viel zu viele. Aber wenn sich FDP-
Politiker mit Jörg Haider solidarisieren, eine CDU das Grundgesetz ändern will, eine CSU beklagt, daß man noch immer nicht
rechts genug sei, und eine SPD nichts Eiligeres zu tun hat, als da
nachzurücken – dann werden diese Rechten nicht schwächer, sondern stärker. Wieso dürfen sie in aller Öffentlichkeit den Arm
zum Hitlergruß heben? Wir sind das Volk, und wir wollen das
nicht haben. Wenn Politiker nicht in der Lage sind, das zu sagen
und moralisch vorzuleben, dann müssen wir es ihnen vormachen
– in Demonstrationen, in Appellen, in Wahlen, im Zusammen-
leben mit unseren Ausländern.

1/93

Endlich mal was los im Büro

ALSO... Regine hat sich die schönen langen Haare abschneiden lassen. Die Kommentare dazu sind bemerkenswert. «Was sagt denn Ihr Freund dazu?» fragt die Kollegin am Arbeitsplatz. Wohlgemerkt, sie fragt nicht, wie sich Regine denn nun fühlt – sie sorgt sich, ob dem Freund der neue Kopf wohl auch gefällt. Andere Kommentare sind noch herber: «Ach du lieber Gott», sagt einer und wendet sich rasch ab. «Ihren Friseur sollte man verhaften», meint ein anderer, der fest davon überzeugt ist, daß eine Frau nur dann eine Frau ist, wenn sie langes Haar hat, und wer ihr das nimmt, ist haarscharf am Mörder vorbeigeschrammt. «Steht dir gut», sagt die Freundin, «aber du bist ein ganz anderer Typ jetzt, so burschikos», und Oma ist auch ganz erschrocken: «Och je, na ja, du hast ein schönes Gesicht, du kannst so was tragen.» Tante Hilde sagt: «Meine Güte, warum denn sooo kurz, du bist doch ein Mädchen!» – «Ich bin 27, Tante Hilde», erwidert Regine. «Deswegen bist du doch ein Mädchen», beharrt die Tante, und Regine fragt sich, ob sie zu einem 27jährigen Mann auch vorwurfsvoll sagen würde: «Ein Junge tut das nicht.» Aber da rutschen wir schon wieder mal ab in ein ganz anderes Thema, weil auch immer alles so dicht beieinanderliegt!

Heute geht's uns aber um Neuerungen, die kommentiert werden. Schnell sind die Haare ab, und man fühlt sich auch wohl und verschönert, doch wo lernt man, mit den Reaktionen der Mitmenschen umzugehen? Das ist mit allem so, was man neu hat – nach jahrelang saloppen Jeans kommt Monika plötzlich im kurzen Rock mit hohen Absätzen, und das ganze Büro schreit: «Mensch, Monika, du hast ja BEINE!» Lehrlinge werden geholt, um sich

das Wunder anzusehen. Der Jüngling im praktischen Gammel-
look hat einfach mal Lust, sich schick zu machen – er kommt in
seine Kneipe mit Hemd und Zweireiherjackett, und er kann kein
Bier in Ruhe trinken: «Wo kommst du denn her?» krähen die
einen, «Wo willst du denn hin?» fragen die anderen und unterstel-
len: «In die Oper», «Nein, wahrscheinlich will er heiraten», und
Marlene flötet: «Oh, Rüdiger, willst du vielleicht endlich um
meine Hand anhalten?»

Gell, das vertragen wir nur schwer, daß nicht alles ist wie immer, oder? Stellen Sie sich vor, Dagmar Berghoff käme eines
Abends mit Igelfrisur auf den Bildschirm und würde uns «Guten
Abend» sagen – der Abend wäre doch gelaufen: Deutschland im
Koma, fieberhafte Presseberichte, Staatskrise wie bei «Herrn
Tagesschau» Stöck, als er es wagte, sich einen Bart stehen zu lassen. Kohl in Jeans! (Gibt es solche Übergrößen eigentlich?) Alles,
wo es hingehört – das Freizeithemd in der Freizeit, der Regie-
rungsschlips beim Regieren, und auch der Normalmensch sollte
seine nur wenig belastbare Umgebung nicht mit neuem Firlefanz
erschüttern.

Es muß alles nett zusammenpassen, Neues irritiert nur, und
Verwegenes kriegen wir so schwer auf die Reihe – die brav geklei-
dete, bebrillte, kreuzbiedere Buchhändlerin darf mich einfach
nicht mit einem zitronengelben Sportcabrio am Bahnhof abholen,
wenn ich zur Lesung komme. Ich bin dann fix und fertig, weil
mein Weltbild durcheinandergerät. Oder vielleicht doch nicht?
Vielleicht ist es gerade das Salz in der Suppe – Regine hat das meterlange Haar gekappt! Endlich ist mal was los im Büro!

2/93

Mein Märchenbedürfnis

ALSO... jeder Mensch hat seine wunden Suchtpunkte – das Rauchen, das Naschen, das Trinken. Nein, auch die edle Kolumnistin, die alles besser weiß und unentwegt das Leben für Sie deutet, ist nicht frei davon. Heute erzähle ich Ihnen von meiner Sucht: es sind drei, und sie kosten mich viel Zeit und nach und nach meinen Verstand, aber ich komm nicht los davon. Die erste habe ich hier schon mal vor langer Zeit erwähnt, sie heißt «Reich und schön». Die zweite heißt «California Clan» und die dritte «Springfield Story». Alle drei sind Billigserien aus Amerika und laufen zwischen der 600. und 1300. Folge, und natürlich – das müssen Sie mir jetzt einfach glauben – sehe ich nicht jede Folge! Auch bei mir gibt es Tage, an denen ich Stefanie und Mr. Capwell nicht auf den Leim gehe, schon weil ich arbeiten muß – manchmal aber auch, weil ich es schaffe, den Fernseher nicht einzuschalten. Nein, sage ich dann in strengem Ton zu mir, das ist doch viel zu blöd, das läßt du jetzt. Und gehe in die Stadt und mache endlich dringend nötige Einkäufe: Farbbänder (betrügerische ... kaum hat man zehn Seiten getippt, sind diese unkontrollierbaren Kassetten auch schon wieder leer), eine Duschmatte (wußten Sie, daß so ein Plastikunsinn jetzt über 40 Mark kostet?), und wobei ertappe ich mich? Ich stehe im Kaufhaus vor der Wand mit den laufenden Fernsehern, habe auf einem meine Serie entdeckt und schaue schon wieder gebannt hin. Da ist es, das Leben in seiner ganzen Vielfalt. Da sieht man, wer gut, wer böse ist (blonde Frauen = herzensgut oder Verführerinnen, dunkle = suchtgefährdet, melancholisch oder Hexe). Da zieht man noch Abendkleider an, wenn man ausgeht, und wenn jemand Vater beleidigt, holt Vater das Gewehr aus dem Schrank und paff! – erledigt. Plötzlich ist die Blondine zwölf Folgen lang blind, aber dann lernt sie Scott kennen und kann wieder sehen, nur aus Liebe! Wünschen wir uns dergleichen nicht? Immer diese Bronchitis, jeden Winter wieder – wo ist ein Scott, der mich in die Arme nimmt und sagt: Baby, auf eine wie dich hab ich mein ganzes Leben gewartet, und der Husten ist vorbei! Wo? Nur in der «Springfield Story». Da kriegt Claire ein Kind von Ed, denn Fletcher kann es nicht gewesen sein, der ist ja vasektomiert!!!, aber Ed ist doch der Mann von Claires bester Freundin Maureen, wie konnte denn das passieren? Gibt es jetzt ein Drama? Ach was, Maureen, die Herzensgute, hält das Ganze einfach für ein böses Gerücht, und jetzt freu ich mich schon auf Folge 1789, wenn das Kind geboren wird, und Maureen beugt sich darüber und ruft: «Ach, das sieht ja süß aus – das sieht ja ... das sieht ja aus wie du, Ed!» Und fällt in Ohnmacht, schauen Sie bitte auch morgen wieder zu. Die Schlüsse sind raffiniert – immer fällt gerade jemand um, ein Totgeglaubter tritt ins Zimmer, auf der Cocktailparty wird geschossen, oder der alte Firmeninhaber sagt zu seiner Gattin: «Patricia, wir sind pleite.» Und Schluß bis morgen. Wird Patricia jetzt wieder als einfache Waschfrau ganz von vorn anfangen müssen? Mein Märchenbedürfnis ist durch diese Serien voll befriedigt. Ich muß sie sehen, ihre Wohnungen aus dem Katalog, ihre Frisuren aus dem Betonmischer, ihre Dialoge aus dem Bundestag: «Sehr geehrter Doktor, lassen Sie mich Ihnen zunächst Folgendes ...» Ich komm einfach nicht los davon, ich muß immer Folgendes sehen. Anderen Leuten soll es ja mit der «Lindenstraße» so gehen. Da sehen Sie mal, was für Formen Sucht annehmen kann!

3/93

«Was seid ihr doch für Egoisten!»

ALSO... ja, ich weiß, ihr kennt das Märchen, in dem sich die Falltür öffnet und die bösen Köhlerstöchter in den Keller purzeln, weil sie zuerst für sich das Essen zubereitet haben und dann erst für die Tiere – da sahen sich die Tiere an, sagten «ducks!», und weg war die egoistische Prinzessinnenanwärterin, und es war wieder einmal nichts mit Ehe und Glaspalast, denn die Tiere waren verzaubert und konnten nur erlöst werden durch eine, die erst selbstlos SIE versorgte und dann sich selbst.

Seit Jahren, meine Lieben, versorge ich immer zuerst euch und dann mich selbst. Und? Nichts. Es tut keinen Donnerschlag, mein Häuschen wird nicht zum Palast, und ihr bleibt einfache, biestige Katzen und verwandelt euch in gar nichts. Und trotzdem seht ihr mich vorwurfsvoll an mit euren weißweinfarbenen Augen und scheint «ducks!» zu denken und eine Falltür herbeizusehnen, durch die ich in den Keller fallen soll, nur damit ihr an meine Büchsenmilch kommt. Was seid ihr doch für ein Haufen Egoisten! Da mache ich eure Tellerchen zurecht, wohl beachtend, daß Klara keine Haferflocken mag, Nero keinen Fisch, Rosa kein Hackfleisch, ich denke an die Vitamintropfen und schneide für Frl. Pepi alles etwas kleiner als für die dicke Rosa, ich matsche und schnibbele und richte an, und dann – dann erst! – schmiere ich mir mein Frühstücksbrot und koche mir meinen Tee. Und was ist? Nero versucht mir die Wurst vom Brot zu ziehen, Pepi wirft die Büchsenmilch um, um an den weißen See zu kommen, mißgünstig und neidisch starrt ihr mich an und denkt: «Die kann den Kühlschrank aufmachen, wir müssen immer warten.» Ich seh doch, was ihr denkt! Ich kann alles in euren angeblich geheimnisvollen Augen lesen, die mir sind wie offene Bücher, aber ihr? Ihr versteht nicht mal, was ich meine, wenn ich laut schreie! Was war das denn heute nacht? Auf meinem Bein lag eine von euch und eine hinterm Kopfkissen, und als ich mich rumdrehen wollte und nur vorsichtig gemurmelt habe: «Verdammt noch mal, rückt doch ein bißchen!», da habt ihr gefaucht, böse. Und als ich rief: «Wozu gibt es in diesem Haus Hundertschaften von Körbchen und Katzendeckchen, wozu?», da habt ihr euch nur noch breiter hingelegt, mich fast ganz aus meinem eigenen Bett verdrängt und laut gedacht: «SOLCHE MENSCHEN SOLLTEN KEINE TIERE HABEN.»

Auf dem Stuhl muß ich frühstücken, weil ihr die Sessel belegt, und vorher muß ich zwei tote Mäuse wegräumen. In den Garten mag ich schon gar nicht mehr schauen, weil eine von euch es zur Meisterschaft im Blumenköpfen gebracht hat. Warum haßt ihr meinen Beruf? Warum legt ihr euch mit nassem Fell auf meine Manuskripte?

Muß ich es ein Leben lang büßen, daß ich euch klein, verhungert und hilflos irgendwo aufgelesen, in meine Jacke gesteckt und mitgenommen habe, daß ich euch schwach gesehen habe? Jetzt zeigt ihr mir, wer die Herren und Damen im Haus sind, und ich habe zu spuren. Ich will euch mal was sagen: ohne mich keine warme Heizung und keine vollen Tellerchen, so sieht's aus. Aber ohne euch – und das muß auch mal gesagt werden – keine Haare auf den Polstern, keine Tierarztfahrten, keine unbequemen Nächte und überhaupt ... ohne euch ... kein Schnurren, keine Anmut, kein zartes Maunzen, wenn ich nach Hause komme, kein Reiben an meinem Bein, kein Zusammenrollen auf meinem Schoß, ohne euch kein trautes Heim, Glück allein. Ohne euch – unvorstellbar. Ich will eigentlich nur, daß ihr das einmal, EIN-MAL! auch zu mir sagt. Und zwar im Chor, alle zusammen: WIR LIEBEN DICH! Ja, schon gut. Zu rührselig. Hier, kommt alle her – Tellerchen warme Milch abholen. Ich liebe euch.

4/93

Ich glaube, ich werde alt

ALSO . . . woran merkt man, daß man alt wird? An den Falten im Gesicht? An der Schwierigkeit, abends einzuschlafen und morgens aufzustehen? Ja, auch. Mein Freund, der Dichter, sagt: wenn du nur noch Landschaften sehen willst, auch im Zug nicht mehr liest und aus dem Fenster schaust und melancholisch darüber wirst, wie schnell alles vorbeifliegt – dann bist du alt. Meine Freundin sagt: Ich will nur noch Schubert hören, andere Musik ertrage ich gar nicht mehr, nur noch Schubert – ich glaube, jetzt bin ich alt.

Ich habe vor ein paar Monaten einen Spaziergang mit zwei Nachbarskindern gemacht. Es war ein goldener Herbsttag, und auf dem Boden lagen die glänzenden braunen Kastanien, frisch aus den Stachelhüllen geplatzt. Keines der Kinder schenkte ihnen auch nur einen Augenblick Aufmerksamkeit – sie sammelten sie nicht auf, sie kickten sie nicht vor sich her, es interessierte sie überhaupt nicht. Und ich dachte: Wir früher, wir sind in aller Herrgottsfrühe nach draußen gelaufen und haben die Kastanien aufgesammelt, die der Nachtwind von den Bäumen geschüttelt hatte. Wir haben sie zu Hause auf dem Küchentisch ausgebreitet, mit der Nagelschere Löcher hineingebohrt und dann Streichhölzchen als Beine und Hals hineingesteckt – ein ganzer Zoo aus Fabeltieren entstand, und wir waren stundenlang in dieses Spiel versunken. Wir haben Herbstlaub in bunten Farben gesammelt, nur die schönsten Blätter, ganz heil mußten sie sein, und wir haben sie in Alben gepreßt. Wir früher.

Wir waren keine besseren Kinder, wir waren anders, und die Zeiten waren anders. Heute spielen die Kinder mit ihrem Gameboy, wenn sie mit mir durch den Wald gehen, und wenn ich sage: «Guckt mal, da vorn mit den blauen Federn, ein Eichelhäher!», dann sagen sie allenfalls: «Geil!», um mir eine Freude zu machen, aber es interessiert sie nicht wirklich. Wenn einen das mit Wehmut erfüllt, so wie mich – dann ist oder wird man wohl alt. Und wenn man noch so selbstverständlich mit Lederjacke und Westernstiefel zu Lou Reed, den Stones und Mink de Ville ins Konzert geht. Jugend ist nicht außen, sie ist innen oder sie ist nicht, das allen Schönheitsoperierten ins Stammbuch. Nein, früher war überhaupt nichts besser, aber schön ist es heute auch nicht, das Jungsein. Es gibt Kinder, die kennen Alice im Wunderland nicht, deren Freund ist nicht Pu, der Bär, die gehen nicht mit Teddy ins Bett, die schreiben kein Tagebuch. Dafür können sie jeden Computer bedienen, können Skateboard fahren wie die Weltmeister und rappen jeden Text herunter, mit abenteuerlichen Bewegungen. Sie können jeden Videoclip aus MTV nachspielen und finden Madonnas erotische Verrenkungen zum Totlachen – das war die Zeit, als wir auf Trockenspeichern ein bißchen Doktor spielten. Waren wir naiver? Romantischer? Sind die Kinder heute einfach raffinierter und cleverer als wir damals? Ach was, die Zeit geht weiter, nicht jeder muß immer alles verstehen.

Da parkt ein junger Mann sein Auto rücksichtslos auf dem Zebrastreifen und steigt aus. Der alte Mann, der um das Auto einen Bogen machen muß, sagt vorwurfsvoll: «Aber hier können Sie doch nicht parken, junger Mann!» Der Jüngling zeigt ihm das fuck-off-Zeichen mit dem Mittelfinger, und der Alte sagt lächelnd: «Ja, da können Sie mir ruhig mit dem Finger drohen, recht habe ich doch!» Ist das nicht schön, wenn man alt wird und nicht mehr alles versteht?

5/93

Ach Elke, nicht immer
so streng...

ALSO... sagen manchmal Frauen zu mir, die mich als die Kolumnistin erkennen, Sie machen das doch nun schon drei oder vier Jahre, fällt Ihnen denn immer noch was ein? Ich mache es zehn Jahre, liebe Damen, alle vierzehn Tage, ja, und mir fällt immer noch was ein. Und wissen Sie, woran das liegt? a) Daran, daß das Leben ach so reich an Erstaunlichem ist, und b) an Ihnen, liebe Freundinnen. Zum Beispiel gerade jetzt – da kommen doch durch ein modisch verbrämtes Hintertürchen klammheimlich die Pelze zurück in unser Leben! Ich dachte, das hätten wir bis auf ein paar ganz Unverbesserliche endlich abgehakt, uns mit toten Tieren zu behängen? Aha, nicht. In diesem Winter trägt die feine Dame den Pelz innen, als Futter, weil wir ja auch so arktische Temperaturen haben in unseren Autos, Restaurants, Taxis oder bei den paar Trippelschritten zum Briefkasten. Oder Pelz an der Kapuze – ein Muß, nicht wahr? Ich möchte jeden, den ich mit Pelz geschmückt sehe (auch unsere Herren brauchen ja Wolfskapuzen und Biberkragen), einmal an die Hand nehmen und vor die Zuchtkäfige führen. Aber das hatten wir ja alles schon, auch in dieser Kolumne – da sehen Sie mal, es fällt einem immer was ein, aber manchmal ist alles umsonst, und die Kolumnistin denkt sich: Wozu schreibe ich eigentlich? Ja, ja, sagen die Leser, wie gescheit sie doch ist, wie recht sie wieder hat – und ziehen das Fuchskrägelchen enger um den Hals. Na gut. Über den Sinn kirschrot geschminkter Lippen zu philosophieren, die ihre Farbe auf Männerwangen und an Gläsern und Tassen lassen, verkneife ich mir, die Kollegen von BRIGITTE sagen mir ja immer, Schönheit und Engagement schließen sich nicht aus. Rechtsradikalismus, Ausländerhaß,

Hakenkreuzfahnen in Hinterzimmern bei Versammlungen mit Hitlergruß – ist das ein Thema für eine Kolumne? Oder sollte die Kolumne nicht eher heiter-ironisch das Leben als Frau SCHLECHTHIN beleuchten? Aber bei DEUTSCHLAND DEN DEUTSCHEN vergeht einem alles Heiter-Ironische, und Redaktion und Leserinnen sagen zu Recht: Ach Elke, nicht immer so streng, seien Sie doch wieder ein bißchen lustig. Gut. Also verkneife ich mir auch die Frage, ob Sie Lust haben, mal einen Tiermastbetrieb oder einen Schlachthof zu besuchen und danach, nein, gar nicht mal Vegetarier zu werden, aber wenigstens nicht jeden Tag Fleisch zu essen. Und in allen Restaurants, in die Sie gehen, darauf zu drängen, daß ein, zwei fleischlose Gerichte angeboten werden, damit es auch die Gastwirte endlich mal verstehen. Ist auch nicht lustig, was ist denn los mit Ihnen, Frau Heidenreich? Es ist Krieg mitten in Europa. Menschen werden gefoltert und verhungern, nicht nur hinten fern in Afrika, nein, mitten in Europa. Eine Rechte formiert sich mit martialisch dummem, gefährlichem Gebell. Mitten in Deutschland. Unsere Politiker rücken immer mehr nach rechts, um dort Stimmen abzufangen, anstatt sich wütend und kämpferisch für eine gute Demokratie einzusetzen. Uran wird geschmuggelt. Drogentote werden immer mehr und immer jünger, Penner auch. Immer mehr Gift in immer mehr Nahrungsmitteln. Immer mehr Autos, immer mehr Verkehrsopfer. Immer größere Umweltschäden, immer mehr Schreckensbilder im Fernsehen und immer teurere Waren in den Geschäften, immer mehr Luxus, mehr Pracht, mehr Überflüssiges. Noch reicher, noch ärmer, noch grausamer, noch eine Talk-Show, in der sich alle anbrüllen, und nirgends ein Moment der Harmonie, der Schönheit, der Ruhe – da sehen Sie mal. Sie haben recht. Es fällt mir gar nicht mehr immer was ein. Etwas, das kolumnentauglich wäre. Nächstes Mal wieder.

6/93

Ein Lob auf
Handwerksmann Jupp!

ALSO ... sagt meine alleinlebende Freundin Christa, du glaubst nicht, wieviel Geld ich für Handwerker ausgebe – und zwar für einfachste Dinge. Doch, ich glaube es sofort. Was macht denn ein technisch unbegabter Mensch, wenn das Jalousieseil gerissen und der Rolladen oben im Kasten verschwunden ist? Was tut man denn, wenn man die Gebrauchsanweisung des Anrufbeantworters eben NICHT kapiert, wenn man den neuen Fernseher eben NICHT selbst programmieren kann? Die Fachkraft kommt, schließt Fax, Anrufbeantworter, Fernseher an, kassiert tüchtig Geld und sagt: «Zum Programmieren lesen Sie sich mal in Ruhe die Gebrauchsanweisung durch, dann können Sie das schon.» Und Christa kann es eben nicht, sie kann dafür andere Sachen. Zum Glück hat man immer irgendeinen Freund, der in solchen Situationen helfen kann. Was aber, wenn die Klotür hoffnungslos verzogen ist? Und gerade eine Klotür, die nicht mehr schließt, ist besonders unangenehm. Tja, sagt der Handwerker und legt mir schon mal den Anfahrt-Abfahrt-Zettel zur Unterschrift hin, das wird teuer, da muß ein neues Türblatt rein, und den Rahmen muß ich aussägen, das wird teuer, und ... Nix und. Jupp fällt uns ein. Jupp ist kein Schwarzarbeiter, Jupp ist Student und genialer Bastler. Jupp kommt mit einem ordentlichen kleinen alten Handwerkskasten, darinnen: richtiges Werkzeug. Nicht der Schnickschnack aus dem Hobbykeller, sondern passende Hobel, gute Schraubenzieher und alles säuberlich geordnet. Jupp fängt an. Er hobelt, er sägt ein Stück Leiste zurecht, er leimt, er schraubt, dabei pfeift er vergnügt vor sich hin, trinkt ein bis drei Biere, dann sitzen wir noch ein bißchen zusammen – die Klotür schließt, Jupp ist mit seinem Werk zufrieden, die Hausfrau ist glücklich, verspricht, ihm dicke Socken zu stricken, weil Bargeld unter Freunden tabu ist, und wir reden noch lange über die Wochenendheimwerker mit ihren aufladbaren Akkus für ihre Bohrmaschine, mit der man schleifen, fräsen, dübeln, sägen, feilen, vermutlich auch Eis zerkleinern und Drinks mixen kann, wenn man kann. Man kann aber in der Regel nicht, man hat das nur, als Mann. Und wir reden über die Wochenendbeilagen der Zeitungen: Da werden überall Handwerker gesucht – nicht Handlanger, sondern Handwerker –, die was gelernt haben, die eine Ausbildung haben, die noch mit Werkzeug und Material umgehen können. Heute, sagt Jupp, lernen sie, mit dem Akku-Bohrschrauber Deckenverkleidungen anzubringen, immer nur das, sonst nichts. Das zeigt ihnen der Chef am ersten Arbeitstag, das dauert zehn Minuten, und das war dann die Ausbildung. Handwerker ... Wie lange läuft man durch eine Stadt, bis man noch einen richtigen Schuhmacher findet, der nicht im Mr.-Schnell-Verfahren die Sohle ankleistert, der noch mit Leder umgehen kann. Aber er klagt – es rentiere sich nicht, zuwenig Kunden, keine Lehrlinge, zu schlechte Schuhe heutzutage. Keiner will mehr ein Handwerk richtig lernen in Zeiten, in denen wir ja Maschinen für alles haben. Maschinen und Arbeitslose. Und ein Heer von halbbegabten Hobbybastlern. Und ein paar letzte Handwerker, die sich jeden Handgriff abbetteln lassen, die kleine Reparaturen gar nicht machen. («Wie alt ist der Staubsauger? Drei Jahre? Lohnt sich nicht, keine Ersatzteile mehr, nehmense doch en neuen.») Klotür verzogen? Weg damit, neues Türblatt. Ein Prost auf Jupp, dem hiermit eine Liebeserklärung geschrieben wurde.

7/93

Von Yiffies und Dobies

ALSO ... heute ist die Kolumne mal eine Art soziologische Lektion. Sie müssen doch in dieser komplizierten Welt schließlich wissen, wer was ist – ich erkläre es Ihnen: Die YUPPIES – Sie erinnern sich doch noch? Handgenähte Schuhe, exklusive Markenklamotten, teurer Haarschnitt vom Spezialdesigner und immer ein Glas Champagner in der Hand – was kostet schließlich die Welt! Das waren die «young urban professionals», die Yuppies, Großstadtmenschen mit gutem Einkommen, ausgeprägtem Konsumbedürfnis, Stehplatz an der Börse und dem richtigen Auto in der richtigen Farbe vorm richtigen Haus. Werden weniger! Die Zeiten ändern sich, die Börsen wackeln, schnell kann aus einem YUPPIE ein PUPPIE werden, «poor urban professional», dasselbe in arm, etwa nach einem Börsensturz. Nun trägt man zwar die handgenähten Schuhe und die Kaschmirmäntelchen noch auf, aber das Auto wird doch etwas kleiner, und die Adresse ändert sich. Die Manieren bleiben aber ruppig-protzig. Neidisch beobachtet man die SKIPPIES, die «schoolkids with income and purchasing power»: Schulkinder mit Geld und Kaufkraft. Spaß muß sein, lautet die Devise, und ohne die richtige Lederjacke kein richtiger Spaß, auch schon mit 13. Wächst so ein SKIPPIE heran, kann er sich entweder nahtlos in den YUPPIE verwandeln, aber mit einem Hauch Nachdenken ist auch möglich, daß aus einem SKIPPIE ein YIFFIE wird. YIFFIES – das sind «young, individualistic, freedom-minded and few»: die wenigen jungen, individualistisch und kritisch handelnden Konsumenten, denen Lebensqualität wichtiger ist als Luxus und die auch mal nein sagen können – vom SKIPPIE über den YUPPIE zum YIFFIE: nicht die schlechteste Entwicklung. Jedenfalls besser als die griesgrämigen FRUPPIES, die «frustrated urban professionals», die jeden Spaß am Konsum verloren haben und jeden Tag nur noch mit der Frage beginnen: «Und worüber grämen wir uns heute, Liebling?»

Im Altersmittelfeld dürfen wir die DINKS nicht vergessen, «double income, no kids» – doppeltes Einkommen, keine Kinder; und die können wiederum, müssen aber nicht, SLOBBIES sein – «slower but better working people» –, Leute, die weniger, aber lustbetonter arbeiten. Sie wollen auch gutes Geld verdienen, aber Einkommen und Karriere und ihnen nicht alles, sie suchen den lustbetonten Mittelweg zwischen Aufstieg und Ausstieg. Aus ihnen werden im Alter die WOOFS, «well-off older folks»: die Welt steht ihnen offen, man kann sich eine Menge leisten, aber Sinn muß es machen, gesund sein und ohne Streß zu erreichen.

Muß man Kinder großziehen, sieht die Sache anders aus. Sehr in Mode gekommen sind MOBY und DOBY – nein, keine Figuren aus Disneyland, sondern «Mom», wahlweise «Dad», «old» und «baby young»: die Frau über vierzig, die sich nach der Karriere nun das Kind zum Glück leistet, und der ältere Vater, der in erster Ehe das Heranwachsen seiner Kinder überhaupt nicht bemerkt hat, nun aber in zweiter Ehe mit der natürlich wesentlich jüngeren Frau entzückt ist vom späten Nachwuchs – daddy old, baby young, der DOBY strahlt. Sind auch diese Kleinen einst versorgt, werden die alten Eltern zu SELPIES, «second life people», die in der Welt herumreisen und Golf spielen. So. Haben wir jetzt alles richtig eingeordnet? Nicht, daß Sie mir zurückbleiben als FURY, «frustrated reader» der Kolumne einer NETRAWOBECADO – «never traveling woman between cats and dogs» –, der Frau mit Hund und Katz, die niemals reisen kann!

8/93

Die Dinge sind gegen mich!

ALSO... vielleicht bin ich ja besonders ungeschickt, oder vielleicht stelle gerade ich mich ganz ausgesprochen blöd an. Aber vielleicht – so was soll es ja geben! – sind die Dinge auch auf eine geheimnisvolle Art gegen mich, wer weiß das schon. Jedenfalls: Selbstverständlichkeiten wollen mir in meinem Haushalt nicht gelingen. Das, was bei anderen klappt, klappt bei mir nicht. Das, was sich in anderen Küchen als praktisch erweist, wird bei mir zum Flop. Nehmen wir nur die fettfreie Teflonpfanne, die uns milliardenteure Flüge vieler tapferer Astronauten kreuz und quer durchs Weltall als Abfallprodukt beschert haben – die Teflonpfanne, in der man ohne Fett alles so braten kann, daß es nicht festklebt, NICHT festklebt? Ach, Jahre meines Lebens gäbe ich (na, na!) dafür, einmal zu erleben, daß sich ein einfaches Spiegelei problemlos aus der Teflonpfanne löst! Es tut es eben nicht. Es pappt und klebt. Ja, sagt Mutter, da hast du eben mit Metall drin rumgekratzt, mit einer harten Gabel oder so, dann geht die Beschichtung kaputt, und die Pfanne ist hin. Hab ich aber nicht! Und es funktioniert trotzdem nicht. – Wie mein Dampfkochtopf. Gerade mal, daß er nicht explodiert, dafür bin ich ihm auch schon sehr dankbar, aber er läßt irgendwie beim Kochen ständig Luft raus, die Küche stinkt, das Gekochte wird matschig, und neuerdings kann ich ihn gar nicht mehr benutzen: Das Ventilgummi ist kaputt, und natürlich gibt es weltweit nirgends ein passendes neues.

Ebenso die Espressomaschine: Die Ventildichtung, die sie braucht, gibt es nur bei einer kleinen Firma, etwa 34 km vor Perugia in Italien. Na prima! Die Trafos bei meinen Halogenlampen sind chronisch kaputt – sie werden zu heiß, die Lampe erlischt und geht erst nach zwei Abkühlungsstunden freiwillig wieder an. Der

Laden hat die Trafos getestet und sagt: Komisch, bei uns funktionieren sie. Bei mir aber nicht! Mein Küchentreteimer läßt den Deckel nicht automatisch zufallen, sondern erst, wenn ich ihm einen Tritt versetzt habe, macht circa 40 Tritte täglich. Daß meine Telefonschnur immer verwickelt ist, müßte ja nicht sein – gibt es ja alles portabel und drahtlos. Ich habe auch ein tragbares modernes Telefon, aber wenn es klingelt, finde ich es nicht, weil die Katzen es unters Bett geschmissen haben. Und wenn ich es dann finde, ist die Batterie leer. Ich habe 18 umweltfreundliche weiße Stofftaschen zum Einkaufen. Wenn ich unterwegs bin und mir einfällt, daß ich noch was einkaufen muß, habe ich nie eine dabei und muß wieder eine Plastiktüte nehmen oder die 19. umweltfreundliche kaufen. Ich habe eine Zigarrenkiste voller alter Schlüssel – auf die kleine Kommode, die ich gekauft habe, paßt kein einziger, und wenn ich ein Bild rahmen will, weiß ich im Laden die Maße nicht, verlasse mich auf mein Gefühl, kaufe auf gut Glück einen Rahmen – natürlich paßt er nicht. Mein Kajal läßt sich nicht anspitzen, mein Fettstift für die Lippen bricht am ersten Tag ab, und mein Parfümzerstäuber ist verstopft. Ich seh doch auch fern. Ich kenn doch das Elend mit der verkalkten Waschmaschine, weil Mutti wieder keinen Entkalker genommen hat, und nun ist die Heizspirale im Eimer. ICH NEHME ALLES, WAS DIE WERBUNG WILL. Und was ist? Meine Heizspirale ist trotzdem im Eimer. Ich sag's ja: Die DINGE sind einfach gegen mich. Und wahrscheinlich liest kein Mensch diese trostlose Kolumne.

9/93

Mütterlein, lieb Mütterlein!

ALSO... kommt jetzt nicht schon wieder der Muttertag?
Alle Jahre wieder und immer so ein Ziehen in der Brust – soll ich
Blumen schicken? Schreiben? Anrufen? Wartet sie nicht vielleicht
schon darauf, obwohl sie immer sagt, hör bloß auf, alles Geschäf-
temacherei? Warum fällt mir ausgerechnet am Muttertag immer
ein, daß ich mich schon wieder so lange nicht gemeldet habe, und
eigentlich müßte ich ... und will dann gerade an diesem blöden
Tag nicht. Ach, die Mütter. Schon in den Zehn Geboten steht,
daß wir sie ehren sollen, damit es uns gut gehe, DAMIT, steht da,
nicht: sonst geht's euch schlecht, sondern, ganz zweckdienlich:
wenn ihr sie ehrt, geht's euch gut. Vom Vater ist da auch die Rede,
aber zumindest die Väter meiner Generation waren ja nie da, also
bleibt Mutter zu ehren, und dazu gibt es diesen Kölnisch-Wasser-
und Merci-Schokolade- und Blumen-Tag. Wenn ich groß bin,
liebe Mutti, will ich alles für dich tun, und dann können deine
müden alten Hände endlich ruhn – oder so ähnlich. Hat das nicht
Heintje damals gesungen, Maaaamaaaa! Maaaamaaaa, du sollst
doch nicht um deinen Jungen weinen ...? Was macht Heintjes
Mama heute, ist sie stolz auf ihren Jungen? Um mich von so trost-
losen Gedanken abzulenken, schalte ich ein bißchen quer durch
alle Fernsehprogramme. Nein, welche Fülle an Müttern und
Mutterherzen auf allen Kanälen! Da ist immer mal wieder eine
dusselige Miss Ellie aus Dallas, die ihre Söhne nicht etwa endlich
aus dem Haus schmeißt mitsamt ihren grauenvollen Gattinnen,
sondern die sich, die Hände überm Hängerkleidchen gefaltet, ver-
steift zu der Feststellung: «Eine Mutter liebt alle ihre Kinder
gleich.» Dann kämpfen wir mit Mutter Drombusch um Recht
und Ordnung in einer verrohten Welt, und Mutter hat immer das
Gute auf ihrer Seite. Was wäre die Lindenstraße ohne Mutter Bei-

mer? Ein Haufen irregeleiteter, gänzlich lebensuntüchtiger Psychopathen, aber die segnende Hand von Mutter Beimer bringt immer wieder alles ins rechte Lot, und wir ahnen schon: Die wirklich stärkste Triebfeder auf dieser Welt, das ist die Mutterliebe. Daß sie auch zur anderen Seite entarten kann, daß Kinder verstoßen, gequält, mißhandelt, vernachlässigt werden – von Müttern –, das wollen wir jetzt mal fix wegschieben. «Mütterlein, Mütterlein, könnt es noch mal so wie früher sein, als du mich an deiner lieben Hand geführt durchs Kinderland», singt eine Künstlerin auf der Langspielplatte «Die schönsten Mutterlieder», die in meinem Besitz ist. Alle Lieder preisen das Mütterlein, das immer für uns Zeit hatte, Tag und Nacht, in Freud und Leid, ach, könnt es doch noch mal wie früher sein, Mütterlein, Mütterlein.

Sind die heutigen Mütter noch wild auf diesen Rührkram? Auf Blumen und Schokolade und ein braves Kind am Muttertag? Zaghaft rufe ich zu Hause an. «Ha», schreit Mutter, «das wußte ich, du sentimentales Monster, daß du ausgerechnet heute anrufst!», und sie lacht. Mütterlein wußte mal wieder besser, was das Kind noch zaudern ließ. Hätte ich nicht angerufen, hätte sie gesagt: «Was ist los mit dir, sonst rufst du doch immer treudoof an jedem blöden Muttertag an, hast du was?» Ich lehne mich zurück und habe eine Vision von lauter Töchtern, die selber schon Mütter sind, und die rufen ihre Mutter an, und die Mutter telefoniert gerade mit Oma, die ja ihre eigene Mutter ist, und jede denkt: Na, vielleicht erwartet sie's ja doch. O Maaaamaaaa, o mein Mütterlein, ich laß es diesmal einfach sein.

10/93

Halten die uns eigentlich für blöd?

ALSO... Werbung muß nicht nur sein, Werbung macht auch Spaß. Man kann sich ja aussuchen, ob man sie lesen oder überblättern will, und weil Werbestrategen das wissen, geben sie sich Mühe, Werbung so zu gestalten, daß wir hingucken – das wird ein ästhetischer, ein künstlerischer Wettstreit und kann dem Konsumenten Spaß machen. Werbefilme sind oft ausgesprochen schöne, aufwendige Kunstprodukte, und wie ernst Werbung genommen wird, sehen wir allein schon daran, daß Minister darüber stürzen können. Nix gegen Werbung also, ich liebe Isabella Rossellinis schönes Gesicht und den Melitta-Mann, meine Jugend ohne Salamander-Lurchi und HB-Männchen kann ich mir gar nicht vorstellen, und daß in Himmel und Hölle um die besten Chromkassetten erbittert gekämpft wird, unterhält mich auch. Aber, aber. Wird nicht ein bißchen viel Aufhebens um Damenbinden gemacht? Muß ich mir, wann immer ich das Fernsehen einschalte, den Feuchtigkeitstest ansehen? Hier, die Binde läßt ja alles durch! Aber diese hier, also phantastisch! Die würde ich ehrlich gesagt sogar meiner Freundin empfehlen ... Ich kenne keine Freundinnen, die sich über Damenbinden unterhalten. Man leiht sich mal eine, wenn man in Not ist, aber die Gespräche über deren Saugfähigkeit sind doch seltener, als Werbestrategen vermuten.

Ähnlich ist es mit dem Kaffee. Die Familie sitzt am Tisch und ahnt schon, daß es eine Katastrophe geben wird, wenn die Schwiegermutter diesen Kaffee gleich probieren wird – was hat sich Hilde dabei bloß gedacht? Und die Wäsche ist auch wieder nicht weich und das Tischtuch nicht weiß genug, dabei macht uns die Frau mit der 60 km langen Wäscheleine doch vor, wie es geht!

Liebe Werbetanten und -onkels, für wie blöd haltet ihr uns denn eigentlich?

Auch wir wollen umweltfreundliches Waschpulver, das die Wäsche weiß macht, auch wir wollen guten aromatischen Kaffee, ja, sogar Damenbinden wollen wir, die möglichst optimal ihre Funktion erfüllen. Hab ich zwar noch bei keiner erlebt, aber gut, glauben wir euch, daß auch dieses Produkt wie Klopapier und Zahnpasta unentwegt noch besser werden kann, und auch wir wollen, daß ihr uns mitteilt, daß nun was Besseres auf dem Markt ist. Aber verkauft uns doch bitte nicht für blöd. Erspart uns doch bitte die Werbung, in der der Mann hungrig nach Hause kommt, und seine Frau hat vegetarisch gekocht (eine natürlich verhärmt magere, hysterische Karikatur von Frau), und er muß sich sofort auf leisen Socken wieder wegstehlen, um irgendwo einen Fleischklops zu essen.

Verkauft uns nicht für blöd, und kommt uns nicht mit den Familienszenen der 50er Jahre, in denen Mutter weint, wenn die Handtücher kratzig sind. Vater arbeitet, Mutter wäscht, Schwiegermutter schimpft, wenn nicht die richtigen Hustenbonbons für meinen Sohn und meinen Enkel im Haus sind. Frauengespräche sind nicht so, wie sie in der Werbung dargestellt werden, und Familien sollten so nicht mehr sein. Wir, die Konsumenten, erbitten einen Hauch mehr Witz und weniger Spießigkeit.

11/93

Kurse für alles?

ALSO . . . das ist doch mal eine glänzende Idee: Die Polizei in Tokio hat kürzlich ein Fahrverbot gegen einen Autobesitzer verhängt, der weder eine eigene Garage noch einen festen eigenen Parkplatz nachweisen konnte. Er hatte sein Auto einfach so an der Straße abgestellt – und das darf er nicht: In Tokio muß der Autofahrer schon bei der Zulassung seines Fahrzeugs einen Abstellplatz nachweisen und den mit einem Aufkleber an der Scheibe angeben. Autos, die falsch geparkt sind oder gar keinen solchen Nachweis tragen, werden von der Polizei mit einem Aufkleber «Nicht weiterfahren» versehen. Verstöße gegen diese Bestimmung kosten tüchtig Geld. Nicht schlecht, Herr Specht. Wir denken weiter: Leute, die sich einen Hund, eine Katze oder welches Tier auch immer halten, müssen nachweisen, daß sie einen Kurs besucht haben, in dem man lernt, daß Katzen beispielsweise nicht danach lechzen, gebadet und gefönt zu werden, und daß es kein Hundespaziergang ist, wenn Bello mal eben fünf Minuten in den Vorgarten darf. Kursnachweis – andernfalls: Tierhalteverbot.

Jede dumme Gans, hat die Frauenkämpferin Clara Zetkin gesagt, kann ein Kind kriegen, aber nicht jede dumme Gans kann es auch erziehen. Wie wär's denn mit ein paar Tests, ein paar Hilfestunden vorher – Kinder haben, was bedeutet das? Es dauert nicht nur eine niedliche Laune lang, sondern ein ganzes Leben. Aber heutzutage fahren Eltern ja – wir lasen es jüngst wieder – über Weihnachten in die Karibik und lassen die Kleinen mit genügend Cornflakes allein in der Wohnung, der Katze kann man einen Berg Trockenfutter hinschütten, den Hund bindet man gleich an der Autobahn an. Da es offenbar zu kompliziert ist, von allein auf bessere Ideen der Entsorgung zu kommen, könnten Aufklärungskurse doch nicht schaden, oder? Und dann Plakette auf Hund oder Kind: Herrchen/Eltern staatl. geprüft und genehmigt. Und nur, wer einen Garten nachweisen kann, darf auch eine Katze halten, damit das Elend der traurigen Pelzgesichter am Fenster im 3. Stock endlich aufhört.

Aber nein, für Tier- und Menschenhaltung sind keine Nachweise von irgendwas gefordert, nur fürs Auto, unser Liebstes, unser Heiligstes. Wir denken weiter: Wer sein Auto nicht regelmäßig zum TÜV bringt, wird ja bestraft. Wann kriegen wir die Plakette auf die Stirn: Vorsorgeuntersuchung 1993 erfolgreich überstanden? Der Gattin diese Woche schon beigewohnt? Die Zähne zweimal täglich geputzt? Sie sehen schon – die Kolumnistin ist unentschlossen. Einerseits plädiert sie für Prüfungen und Kontrollen und Kurse, andererseits macht sie sich über zuviel Kontrollen und Bevormundungen lustig. Ja, was will sie denn nun? Ach, sie traut es sich ja kaum zu sagen. Sie lehnt sich zurück, schließt die Augen und träumt ein wenig von etwas, das es kaum noch gibt: Man nannte es mal den gesunden Menschenverstand. Der besagte einst: Wenn ich keine Zeit hab, schaff ich mir kein Tier an. Wenn ich in einer Stadt wohne, die vor Autos birst, muß ich nicht auch noch eins haben. In Zeiten aber, in denen das Selberdenken so schwerfällt, müssen wohl Kurse und Plaketten eingeführt werden.

12/93

Mutters ewiges Kind

ALSO... vor kurzem traf ich zufällig nach mehr als dreißig Jahren einen alten Schulfreund wieder. Ein schönes Gefühl übrigens, wenn da plötzlich jemand ist, der einen noch als Teenager in Erinnerung hat und aus seinem Gedächtnis längst vergessene Sachen kramen kann! «Du mußt», sagte er, «aber einmal mit mir zusammen meine Mutter besuchen, die ist jetzt alt und würde sich bestimmt riesig freuen, dich wiederzusehen.»

Nun gut. Zusammen gingen wir eines Nachmittags, natürlich angemeldet, zur Mutter. Wie das so ist mit den (meisten) Müttern: der Tisch bog sich unter Kuchen und Plätzchen, kaum war das alles aufgegessen («Nehmt noch! Du hast ja noch gar nichts gegessen, Elke»), kamen aus der Küche auch schon die Platten mit den Schnittchen und Gürkchen und Tomätchen, alles lieb gemeint, alles zuviel, aber alles mußte gegessen werden, sonst wäre Mutter ja in Tränen ausgebrochen. Das hat noch etwas Rührendes, wir erwiesen uns denn auch, beide 50jährig, als brave «Kinder». Aber unterschwellig lief da noch so ein anderer Ton mit. «Arno», sagte die Mutter streng zu ihrem Sohn, «jetzt setz dich mal anständig hin und lümmel dich nicht so.» Arno und ich waren gleichermaßen verdutzt. «Meinetwegen», sagte ich keck, «muß er nicht schön sitzen, wir haben uns auf Ihrem Sofa damals, wenn Sie nicht zu Hause waren, noch ganz anders gelümmelt.» – «Das mag sein», sagte die Mutter, ganz Dame, «aber er hat so einen Bauch gekriegt, ich will nicht, daß man das sieht.» Ach, wie mich das erinnert an die Blicke meiner Mutter, wenn ich mal wieder nicht anständig gekämmt bin! «Komisch», sagt sie, «Dagmar Berghoff kann's doch auch, warum kannst du es nicht?» Der Blick der Mütter ruht auf uns bis ins hohe Alter. Da werden die Söhne Familienväter und haben schon Kinder, die im Berufsleben stehen, aber Mutter wirft einen tadelnden Blick auf die Schuhe und sagt: «Hast du sie schon wieder nicht geputzt, Karlheinz.» Da sind die Töchter in den Wechseljahren, aber Mutter fragt mit einem Blick auf das sinkende Thermometer: «Hast du auch einen warmen Schlüpfer an, Rosemarie, damit du dir bei dem Wetter nichts holst?» Sollen wir nun in Wutschreie ausbrechen, in Tränen der Rührung, oder ist es das beste, alles ganz einfach zu überhören? Es wird Ausnahmen geben, gewiß, aber für viele Mütter bleibt DAS KIND eben immer DAS KIND. Vorsichtig wage ich zwei Vermutungen: das sind entweder die, die ihr Kind als fast einzigen, sicher aber wichtigsten Lebensinhalt unter Mühen und Sorgen ganz allein großgezogen haben – verwitwet, geschieden oder ledig –, oder es sind die, deren Ehe nie glücklich war, Vater und Mutter redeten sich mit Papi und Mami an, und Karlheinz leuchtete nun mal als einziger Sonnenschein. Oder es ist irgendein Verdrängungsmechanismus am Werk: Arno war doch so ein süßer, zarter Junge – und nun ist er ein Mops ohne Karriere, das kann Mutter doch nicht einfach so wegstecken – flugs bastelt sie sich ein paar Lebenslügen, aber dazu muß er wenigstens den Bauch einziehen, der kleine Junge von damals. «Du bist immer noch so zart und schmal!» strahlt sie mich an, und ich denke: O nein, das bin ich nicht, aber so willst du es halt sehen, auch gut. Und ich gehe nach Hause, wo mir am Gartentor mein Lieblingskater entgegenkommt. «Mein Kleiner», sage ich und bücke mich zu ihm, «mein liebes kleines Mäuschen.» Nero ist ein fetter Riesenbrummer und der Schrecken der Nachbarschaft. Mein kleiner Liebling.

13/93

Der 50. Geburtstag

ALSO... da diese meine BRIGITTE mich zu meinem
50. Geburtstag im Februar so überaus liebevoll gefeiert hat, will
ich Ihnen, meine treuen Leser, nun auch Erfahrungen und Gedanken zum 50. Geburtstag einer Frau nicht vorenthalten. Falls Sie
also dieses Ereignis noch vor sich haben: Rechnen Sie mit AL-
LEM. An diesem Tag wird sich jeder an Sie erinnern, der je mit
Ihnen zu tun hatte – verkrachte Kollegen, verflossene Liebhaber,
Tanten, bei denen man sich 15 Jahre nicht mehr gemeldet hat –,
ALLE schreiben, rufen an oder schicken Blumen. Wenn die Blu-
men-Lieblingsfarbe, so wie bei mir, weiß ist und sich das herum-
gesprochen hat, sieht es in der Wohnung gegen Mittag schon aus
wie in einer Leichenhalle. Aufgebahrt sitzt das Geburtstagskind
mitten in der Pracht, rote Wangen vom Champagner seit dem
frühen Morgen, das Telefon in der einen Hand, in der anderen die
Schere zum Zerschneiden der Geschenkverschnürungen. Ach,
und was da einer älteren (?) Dame (??) alles so geschenkt wird!
Helga schenkt schwarze Unterwäsche mit raffinierter Spitze, damit es auch in den Wechseljahren noch mal so richtig losgeht.
Bettina schenkt alles mit Bärchenmotiven, weil wir ja noch immer die Kinderfreundinnen sind, die in ihren Zotty weinen. Der
Gatte schenkt Schmuck, die Mutter einen gesunden Kochtopf,
der jugendliche Freund heiße CDs, die Studienkollegin den kühnen Hut, den man früher immer wollte und sich nie leisten
konnte, und jetzt ist man schon fast nicht mehr schön genug, um
dergleichen noch gefahrlos zu tragen, ach! Die Tante hat ein
Photoalbum geklebt, das dokumentiert, wie jung und niedlich
man einmal war. Wein, Schnäpse, Kuchen, der Geburtstag einer
Person hohen Alters – 50!!! – und einer gewissen öffentlichen Be-
kanntheit ist voller Überraschungen. Neun Jahre Talk-Shows im

deutschen Fernsehen ... da erinnern sich Ministerpräsidenten, zu denen man ekelhaft, Abgeordnete, zu denen man nett, Künstler, in die man beinahe verliebt war, und schicken launige Grüße. Der Kellner (in Köln sagt man Köbes), bei dem ich meine größten Räusche hatte, hat mich nicht vergessen, und der alte Hausarzt mahnt, man solle in Zukunft, herzlichen Glückwunsch gleichwohl, nun aber doch etwas gesünder leben.

Es ist sehr aufregend. Es ist ein ganz persönlicher Tag, und keine Minute kommt man dazu, darüber nachzudenken, was es heißt, 50 Jahre alt zu werden. Das kommt in den Wochen danach. Jetzt geht man auf die 60 zu und war doch gestern noch 20 ... und an manchen Tagen fühlt man sich wie 108, an anderen wie knappe 30, und genauso wechselhaft sieht man auch aus. Die weißen Blumen verblühen, die Kuchen sind gegessen, die Briefe beantwortet, der neue Schmuck funkelt. Der große Tag ist wohl vorbei, die nächsten zehn Geburtstage werden nicht besonders gefeiert, erst beim 60. schlagen wir wieder zu, aber jetzt wird Mutter erst mal 85. Was, sagt sie, 50? Pah! So jung! Mit 50 war ich schlank und schön, da sah ich besser aus als du, und gesünder war ich auch, jaja, wir haben damals nicht soviel geraucht und getrunken, und früher im Bett waren wir auch. So alt wie ich, sagt sie, wirst du nicht. Wir werden ja sehen. Mutter und ich treten ab sofort in einen Wettstreit. Meinen 80., den will sie noch erleben. Sie wäre dann 115, na und? Bei der gesunden Lebensweise. Und sicher schenkt sie mir auch dann wieder einen gesunden Kochtopf.

14/93

Überall falsche Autoritäten

ALSO ... mich dürfte die versteckte Kamera nicht erwischen! Ganz früher, als etwa bei Chris Howland noch Autos an Tankstellen vorbeirollten, denen man den Tank ausgebaut hatte, oder ein kleiner Hund an der Leine heimlich durch eine Riesendogge ausgetauscht wurde – da konnte ich noch lachen. Waren die Scherze komischer, oder war ich einfach jünger und naiver? Bei Kurt Felix wurden schon härtere Bandagen verlangt: als etwa Roberto Blanco (oder war es Ivan Rebroff?) vor Kurgästen singen mußte, und während er sang, leerten sich demonstrativ die Reihen – das muß einer erst mal in Ruhe wegstecken können! Jetzt werden Leute mit der versteckten Kamera dabei gefilmt, wie ihnen ein Pistenwart am Skihang erklärt, sie seien nicht schön genug, nicht modisch genug gekleidet, aber: «Unser Hang soll schöner werden!» – also: woanders fahren, nicht hier – und was tun die Leute? Sie murren ein bißchen und fügen sich dann der vermeintlichen Autorität! Das sollte mit mir mal einer machen! Mein Mann hat schon seit langem Angst, daß ich in die Fänge von «Verstehen Sie Spaß?» gerate – und sofort fluche wie ein Droschkenkutscher, gewalttätig und ausfällig werde, mich um die bürgerlichen Ehrenrechte bringe mit Ohrfeigen, Tritten, Aussprüchen, von denen keiner gedacht hätte, daß ich sie kenne. Ich kenne sie aber. Und ich wende sie immer da an, wo vermeintliche Autoritäten meinen alten 68er – Zorn gegen Obrigkeiten herausfordern. Sätze wie «Hier dürfen Sie nicht durchgehen» oder «Nehmen Sie sofort den Hund an die Leine» bringen mein Blut unverzüglich zum Kochen, da ist keine Sicherung mehr eingebaut. Ich kann keine Uniform sehen, ohne daß mir der Schweiß ausbricht (Angst? Wut? Ohnmacht? Angriffslust?), ich verabscheue weiße Ärztekittel und olivgrüne Kampfanzüge gleichermaßen, schwarze

schwarze und rote Talare, als Pinguin verkleidete Kellner, die mir einen Tisch zuweisen wollen, ich bemitleide Stewardessen in ihren scheußlich dunkelblauen Schulkleidchen. Die englische Schuluniform, sagt man, versteckt gnädig soziale Unterschiede zwischen armen und reichen Kindern – ja, genau das ist ja das Hassenswerte, daß die Unterschiede versteckt und nicht abgeschafft werden. (Ich erinnere mich an die großartige Antje Vollmer, die Ende der 60er Jahre als Pastorin in die Hinterhöfe geschickt werden sollte – «junge Theologen in die Hinterhöfe» hieß damals die Devise. Und sie rief: «Ach was, weg mit den Hinterhöfen!») Uniformen sind immer dazu da, um irgend etwas zu bemänteln und Macht zu demonstrieren. Uniformtragende Soldaten dürfen Krach machen und Felder zertrampeln, uniformtragende Polizisten dürfen einen ruppig zurechtweisen. Autorität ist angesagt, und dann kommen die versteckten Kameras und beweisen uns, wie autoritätsgläubig wir sind. Darüber soll ich lachen können? Gebe der Himmel, daß ich rechtzeitig merke, wann so ein «Scherz» abläuft, und mit einem kräftigen «Ihr könnt mich mal ...! seitwärts gehe. Falle ich drauf rein, dann könnt ihr mal den entfesselten Bürger sehen, der bei allem, was Macht demonstriert, eben überhaupt keinen Spaß mehr versteht. Warum? Weil wir das mit den Ohrfeigen unserer Eltern und Lehrer in den 50er Jahren und den prügelnden Polizisten der 60er lang genug hatten. Und so vermag uns reaktionäre Bevormundung auch in Unterhaltungssendungen eben nicht mehr zu unterhalten. Einspruch.

15/93

Krieg der Töne

ALSO... das Zauberwort heißt: Beschallung. Alles wird beschallt. Steigen wir ins Flugzeug, dudelt Beruhigungsmusik, im Fahrstuhl säuseln die Geigen, und bittet man im Restaurant darum, die Musik doch wenigstens etwas leiser zu drehen, damit man sich unterhalten kann, bekommt man zur Antwort: «Die Gäste wollen das aber so.» Ich bin auch «die Gäste», und ich will das nicht so! Aber nun bin ich auch noch aus einer Generation, die die Schularbeiten nicht zu Discosound machte. Heute hat jedes Kind seine Anlage und schiebt zur Matheaufgabe Madonnas neueste CD ein. Es wird rundum beschallt, im Supermarkt, im Kaufhaus, im Café; die Bundesbahn, sonst bei mir auf der Ab-schußliste gern ganz oben, verstört uns immer nur durch Ansagen, daß jetzt im Speisewagen ein freundliches Team uns gern erwartet, aber wenigstens müssen wir hier noch nicht Musik hö-ren auf der Fahrt von Freiburg bis Hamburg. Fahrgäste, die das nicht aushalten, haben eh ihren Walkman dabei und versorgen die Mitreisenden durch das Quäken aus billigen Kopfhörern gleich großzügig mit der gewohnten Geräuschkulisse. Wo gibt es noch Stille? In der Toskana! Am Meer! Im Wald! Ach was. In der Tos-kana lärmen die berühmten Toskanadeutschen voll des Weines in den Altstadtgassen, am Meer wird mit Spezialautos durch den Sand gebrettert, Musik voll aufgedreht, im Wald singt der Wan-derverein. Uns gegenüber ist eine Baustelle, seit Monaten werden unbeschreiblich häßliche Häuser mit unbeschreiblich viel Lärm hochgezogen, immer zu Radiomusik. Ob es die Maurer sind oder die Dachdecker, sie fangen gegen sieben Uhr morgens an und hören alle WDR 4 auf Überlautstärke, und wir Anwohner hören mit. Vorsichtige Beschwerden wurden ins Reich der Spinnereien verwiesen, es wird weitergedudelt, und so bleiben eben bei uns in diesem Sommer die Fenster geschlossen. Kleiner Einwurf: Ich mag Musik! Ich möchte mir nur aussuchen dürfen, welche ich wann wo und wie laut höre – kann man das nachvollziehen, ja? Das Europaparlament hat sich mit dem Thema Lärm vor einigen Jahren befaßt und ist zu dem Schluß gekommen, daß der Mensch ein Grundrecht auf Stille hat. Vielen lieben Dank! Was folgte aus diesem Schluß? Na, wir kennen doch unser feuriges Europaparlament und seine durchschlagenden Wirkungen – nichts natürlich. Ob ich es anrufen soll, wenn der Bauarbeiter morgen früh wieder mit WDR 4 anfängt? Soll ich DIE POLIZEI holen? Ich erinnere mich schaudernd an die Partys unserer Jugend, bei denen die von Nachbarn alarmierte Polizei aufkreuzte, weil Jimi Hendrix zu laut war. Nein, so tief will ich nie sinken, ich habe bei so vielen Dingen immer noch die Hoffnung, daß sie sich von Fall zu Fall und von Mensch zu Mensch regeln lassen. Aber meine Hoffnung schwindet. Lärm überflutet uns an allen Ecken, und niemand ist zuständig. Filme sind so mit Musik zugekleistert, daß man die Dialoge nicht versteht. Autos dudeln an Ampeln in unsere Wohnzimmer, es gibt sogar Grußtelegramme, die uns beim Öffnen eine idiotische Melodie in die Ohren fiepen. Vielleicht hat das alles ja was zu bedeuten. Vielleicht erschrickt der moderne Mensch zu Tode, wenn es plötzlich ganz still um ihn herum ist und er sein eigenes Herz klopfen hört. Vielleicht wird ihm dann ein großes schwarzes Loch in Kopf und Seele bewußt. Vielleicht helfen dagegen nur rund um die Uhr Töne. Hast du Töne? Aber immer.

16/93

Wo gibt's ein Frauen-Zimmer?

ALSO... eine Wohnung hat Küche, Wohnzimmer, Schlafzimmer, Kinderzimmer, Bad. Ist es eine etwas größere Wohnung, vielleicht ein Haus, kommt möglicherweise ein Eßzimmer dazu, vielleicht arbeitet Vater zu Hause und hat ein Arbeitszimmer, ja, vielleicht hat Mutter sogar ein Bügelzimmer! Aber wo ist Mutters eigentliches Zimmer? Das Zimmer für die Hausfrau, das Frauen-Zimmer, gibt es das? Selten, selten. Die Bastelarbeiten mit den Kindern werden am Küchentisch gemacht, Briefe im Wohnzimmer geschrieben, aber ein eigenes Zimmer hat eine «normale» Hausfrau nur in den seltensten Fällen. Sie hat ihre Ecke, vielleicht sogar einen kleinen Sekretär im Wohnzimmer, aber mehr ist nicht drin. Eine Bekannte, die mit ihren drei Kindern allein lebt, hat für jedes der drei Kinder ein eigenes Zimmer – «Das brauchen die!» –, aber sie selbst schläft auf der Klappcouch im Wohnzimmer und schreibt ihre Briefe am Küchentisch, ja, so sehen die auch aus, und in der ganzen Wohnung gehört ihr aber auch nicht eine einzige Ecke, in der sie ungestört ist, mal etwas wegschließen könnte, nachdenken, sich zurückziehen. 1928 hat Virginia Woolf, die berühmte englische Schriftstellerin, eine flammende Rede zu diesem Thema in einem ihrer besten Bücher festgehalten, «A Room of One's Own», «Ein Zimmer für sich», heißt es und fordert z. B. auf, darüber nachzudenken, ob Shakespeares Werke auch von einer Frau hätten geschrieben werden können. Vielleicht von Shakespeares Schwester? Ach nein, die mußte sicher Geschirr spülen und die Kinder ins Bett bringen, und gewiß hatte sie keinen stillen Raum, in den sie sich zum Schreiben hätte zurückziehen können, das hatten (und haben?) nur die Männer. Virginia Woolf schreibt: «... und wenn jede von uns fünfhundert Jahre hat und ein Zimmer für sich allein; wenn wir an die Freiheit gewöhnt sind und an den Mut, genau das zu schreiben, was wir denken; wenn wir dem gemeinsamen Wohnzimmer ein bißchen entronnen sind und menschliche Wesen nicht immer nur in ihrer Beziehung zueinander sehen, sondern in ihrer Beziehung zur Wirklichkeit; ... wenn wir der Tatsache ins Auge sehen – denn es ist eine Tatsache, daß es keinen Arm gibt, auf den wir uns stützen können, sondern daß wir allein gehen und daß unsere Beziehung eine Beziehung zur Welt der Wirklichkeit und nicht zur Welt der Männer und Frauen sein sollte –, dann wird die tote Dichterin, die Shakespeares Schwester war, den Körper annehmen, den sie so oft abgelegt hat.» Ich schreibe diese Kolumne nicht für Shakespeares Schwester, sondern für die verschüttete Frau in all den Müttern und Ehefrauen, die keinen Raum für sich allein haben – aus welchen Gründen auch immer. Sie haben die Küche, die Waschküche, das Wohn- und das Kinderzimmer, sie teilen das Schlafzimmer mit ihrem Mann, der tagsüber «sein» Büro hat. Sie haben nichts. Sie wohnen immer auf Ritze, es gibt keinen Raum, in den sie sich vor lauter Alltag zurückziehen könnten. Viele können es, beengter Wohnverhältnisse wegen, wirklich nicht. Aber viele könnten und tun es nicht – Mutter opfert sich, im wahrsten Sinne. Wenn es nur die Kinder schön haben, mir reicht ein Eckchen ... Ich glaube eben nicht, daß es reicht. Gerade in diesen Eckchen verliert man sich am gründlichsten. Und dann?

17/93

Panik im Kaufhaus

ALSO... kennen Sie die Panik im Kaufhaus? Sie kommt grundlos, aus heiterem Himmel, und man kann dann nur noch so schnell wie möglich fliehen, sich zu Hause ins Bett legen und heulen. Worüber eigentlich? Über die Lebensmittelabteilung, das Parkhaus, die Verkäuferinnen, über Lautsprecherdurchsagen, Schlangen an den Kassen, ach, über alles. Über Konsumterror. Über Menschenmassen. Über Ratlosigkeit, was man denn nun kochen, kaufen, anziehen soll. Über die unbarmherzigen Spiegel, in denen man sich unentwegt sehen muß. Übers Angerempeltwerden, über den Satz «Ich war aber vor Ihnen dran», und das alles ist es letztlich doch nicht. Was ist es? Man steht in der Lebensmittelabteilung und wählt zwischen zwanzig Sorten Senf. Zwischen sechs Sorten Käse. Es ist einfach alles zuviel – auf einmal ist es zuviel –, diese Massen von einkaufenden Frauen, ja, immer noch: Es sind viel mehr Frauen als Männer. Wie sie mit dem Daumen den Camembert prüfen, wie sie sich hundert Gramm hiervon und hundert Gramm davon abwiegen lassen, aber hauchdünn! Wie sie an den Tomaten mißtrauisch riechen, zu Recht, und man selber tut all das auch und fragt sich plötzlich: Wo bin ich, was tu ich hier, warum Tomaten im Dezember, Erdbeeren im Januar, was erwarte ich, was brauchen wir angeblich alles, wie leben wir eigentlich? Und warum sind die Leute so unfreundlich, so griesgrämig, warum ist niemand zuständig, wenn ich etwas fragen will, warum finde ich die verdammte H-Milch jetzt nicht? Ist das ein Tief? Sind es die Wechseljahre? Mitten in der Lebensmittelabteilung kullern die Tränen, man läßt den Wagen mit allem drin, was man schon zusammengerafft hat, einfach stehen und drängt sich mit leeren Händen durch die Kasse. Vielleicht klappt es besser bei Schreibwaren? Wo ist Tesafilm? Wo ist eine

Fachkraft? «Ich zeichne hier nur Preise aus, fragen Sie an der Kasse.» An der Kasse eine lange Schlange, «Entschuldigung, ich wollte nur mal eben fragen, wo...» – «Wir müssen uns alle hinten anstellen, bis wir dran sind, auch Sie.» Warum schickt der Himmel kein Erdbeben? Und werde ich es wenigstens schaffen, in der Kosmetikabteilung Haarshampoo, eine Nagelbürste und Erkältungsbad zu kaufen? Ich schaffe es nicht. Ich finde keine Nagelbürste, das Erkältungsbad ist aus, und zu Hause sehe ich, daß ich statt Shampoo die verfluchte Pflegespülung eingepackt habe, die für meine Haare Gift ist. Ich sehe das aber erst am nächsten Tag, als das Shampoo, das ja eben keins ist, unter der Dusche so gar nicht schäumen will. Heute sehe ich nichts mehr. Ich weiß nur: Ich muß hier raus, ehe ich durchdrehe. Aber wo steht mein Auto, Parkdeck drei? Vier? Und wo ist die Kasse für den Bon, den stempeln zu lassen ich natürlich vergessen habe? Und warum fällt mein Geld bei diesem Automaten immer, immer durch? Irgendwie schaffe ich es, den Arm so weit aus dem Fenster zu recken, daß der Bon mir die Schranke öffnet, schaffe es, nach Hause zu kommen. Schluchz, Verzweiflung, sofort ins Bett, unter die Decke. Was war los? Überforderung, Verzweiflung über die eigene Blödheit, keine Kraft mehr für so viel Alltag. Es gibt Tage, da darf man nicht ins Kaufhaus gehen – meistens spürt man es vorher, man sollte auf diese Gefühle hören. Es gibt Tage, da sind zwanzig Sorten Senf eben das Allerschlimmste, was einem zustoßen kann. Man kann das nicht erklären. Es ist aber so.

18/93

Warum wir T-Shirts brauchen

ALSO... das ist jetzt wirklich wahr: Ich hab neulich einen jungen Mann gesehen, der ein T-Shirt trug mit der Aufschrift: «The year of living dangerously – Sarajewo 1992.» Reklame fürs gefährliche Leben in Sarajewo? Dagegen? Die Mitteilung, daß man Bescheid weiß? Oder gar da war? Was will uns dieses T-Shirt sagen? Ach, was wollen sie uns überhaupt sagen, diese modernen tragbaren Anschlagflächen, auf denen wahlweise Südfrüchte, Königin Elisabeth, Kondome oder Dackel prangen? Ich besitze ein T-Shirt mit einem Baudelaire-Gedicht auf eine Katze, aber ich kann es nicht leiden, wenn mir jemand auf den Busen starrt, um das Gedicht zu lesen, also trage ich es als Nachthemd. Das T-Shirt mit der Parole hat Einzug gehalten in die Mode und in die öffentliche Diskussion: das Gewerkschafts-T-Shirt, das Parteien-T-Shirt, wir sind wahlweise für oder gegen Justus Frantz (eher gegen), für oder gegen Liebe statt Krieg (eher für), für oder gegen Ausländerfeindlichkeit, Tierversuche, Gerhard Schröder, keine Macht für niemand, die University of California. Nie, fällt mir auf, wird auf den kochfesten Baumwollhemden für Bücher geworben! Das wär doch was, mit «Nicht ohne meine Tochter» auf dem Busen durch die Stadt zu radeln! Im Herbst erscheint ein Buch mit dem Titel «Nicht ohne meine Mutter», und wenn wir dann noch «Vater ist der Beste» aufdrucken, können wir schon die ganze Familie nett einkleiden.

Besonders schön sind über dicken Bierbäuchen angegrauter Stammtischhocker T-Shirts mit Aufschriften wie «Love me» oder «Lou Reed in concert». Das gibt schon Stoff zum Rätseln auf. Man kann ja sein eigenes Porträt oder das der/des Liebsten aufbügeln lassen - Spezial-T-Shirt-Läden haben da keine Hemmungen, alles ist möglich, und Popveranstaltungen leben manchmal geradezu vom T–Shirt-Verkauf.

Das T–Shirt hat einen unbeschreiblichen Siegeszug angetreten. Es dient als Unter- und Überhemd, in der Nacht und am Tag tragbar, nur echt mit Kurzarm und ohne Knopfleiste, das Designer-T–Shirt gibt es natürlich auch, sieht ganz genauso aus wie das aus dem Kaufhof, steht aber Calvin Klein hinten drin und kostet das Zehnfache. Immerhin sei zugegeben, daß die teuren T–Shirts auch nach dem Waschen oft ihre Form behalten und nicht zu Kartoffelsäcken werden, und außerdem war es ja schon immer etwas teurer, einen besonderen . . . na ja.

Jedenfalls ist das T–Shirt nicht mehr wegzudenken, das ursprüngliche Arbeiterunterhemd feiert Eingang in die Welt der feinen Leute, aus Seide für die Oper, perlenbestickt zum Cocktail, und natürlich schwarz, schwarz, schwarz zur Lederjacke am Abend. Man kann das T–Shirt (Mutter fragt: Warum heißt das eigentlich Teeschirt? Weil es am Hals, wenn es echt ist, wie ein T geschnitten ist, liebe Mutter) vorn und hinten bedrucken, man kann damit Bildung und Dämlichkeit unter Beweis stellen, Gesinnung und Kunstverstand, man kann es von Künstlern signieren lassen oder mit Filzstift selbst beschriften, man kann Oma draufdrucken oder Michael Jackson, den aber bitte nur auf schwarze Hemdchen, auf Weiß kommt der mit seiner hellen Haut nicht so gut, man kann Bill Clinton oder Kurt Biedenkopf auf dem Busen tragen, Clintons Kater Socks oder meinen Kater Nero, man kann es auch lassen und die freien Flächen luxuriös frei lassen – wie gesagt, alles ist möglich.

Als Kinder schrieben wir auf Hauswände: «Wer das liest, ist doof.» Auf meinem Lieblings-T–Shirt steht: «Keine Macht den Doofen.» Ob's was hilft?

19/93

Es ist gelb-grün im Büro

ALSO... es ist etwas Wunderbares ums sogenannte Büro-Grün. Gucken Sie mal, was auf Ämtern und in anderen Büros so auf den Fensterbänken herumsteht – man faßt es nicht. Gelbliche Ungetüme lassen ihre Tentakel in den Raum wabern, gummiartige Pflanzen haben schon fast keinen Erdballen mehr, sie kommen aus einem knochenharten Etwas in einem viel zu kleinen Topf, der schimmelige Nässeränder hat, staubige Kakteen pieken lustlos in die Büroluft und träumen von der Wüste. Auf Glastellern mit braunen Kalkrändern vegetieren seltsame spitzblättrige Gemüse vor sich hin. Keiner weiß, wie sie heißen, diese Pflanzen, keiner weiß, wer sie eigentlich wann mitgebracht hat – irgendwann, als vor Jahrmillionen in einem Knall die Welt entstand, waren sie schon da und litten auf dieser Fensterbank an Liebesentzug.

Als dann Frau Dr. Moorbäder-Donnerkeil das Zimmer 435 bezog, war der Philodendron jedenfalls schon da, und sie hat ihm seitdem gewissenhaft jeden Morgen ein Schlückchen Wasser aus der gelben Plastikgießkanne gegeben, die auch immer schon da war. Wenn Frau Dr. Moorbäder-Donnerkeil eines Tages wegen Pensionierung dieses Zimmer räumt, wird sie ihren persönlichen Kugelschreiber, das Photo des Sohnes in Tenniskleidung sowie die Schläppchen im Schrank und die Veilchenpastillen in der Schublade wieder mitnehmen, der Philodendron aber wird bleiben für Frau Rattelgruber-Wesermüller.

Und sie wird ihn gießen, täglich einmal, Freitagabend zusätzlich ein zweites Mal und Montagmorgen etwas mehr. Die Putzfrau wird ab und zu mit dem feuchten Lappen einmal über die Blätter wischen, und dreimal im Jahr, wenn der Fensterputzer kommt, wird der Philodendron ein wenig zur Seite gerückt, um aber danach sofort wieder auf demselben häßlichen Wasserfleck auf der Fensterbank zu stehen, jahrein, jahraus. Niemand liebt diese Pflanze, niemand spricht mit ihr, obwohl wir doch wissen, daß Pflanzen Wesen sind wie du und ich!

Sie spüren das, die Bürogrüns, und sie gedeihen kaum. Sie halten sich gerade mal so aufrecht, tapfer gelb-grün, aber sie wachsen kaum, denn das wäre ihr Tod: Würden sie auf der Fensterbank zuviel Licht wegnehmen, würden sie mit Sicherheit in der Mülltonne oder in der dunklen Besucherecke im Flur gleich neben dem Kaffeeautomaten enden. Sie sollen nur dasein, man darf sie aber nicht bemerken. Sie kümmern vor sich hin wie manche Mädchen in manchen Vorzimmern, niemand strahlt sie an, ist entzückt von ihnen, lobt sie. Sie sind da. Von Freitagabend bis Montagmorgen ist es ganz still um sie, dann schauen sie auf den Hinterhof hinaus, in dem die Akazien blühen, und rauschen heimlich leise mit den Blättern. Was ist das für eine komische Pflanze da auf deinem Fensterbrett? fragte ich meinen Freund im Verlag. Keine Ahnung, sagte er, ich schneid sie immer mal zurück, wenn sie zu sehr wuchert, aber sonst ... Ich habe mir einen Ableger gemacht, das Ganze in die Sonne gestellt, gedüngt, gegossen, siehe da: ein wundervoller, blaublühender Hibiscus. Was für eine schöne Pflanze du da hast! sagte der Freund, als er neulich auf meinem Balkon mit mir saß. Gell, sagte ich. Und wir zwinkerten uns zu, der Hibiscus und ich.

20/93

Augenblicke

ALSO... neulich in Leipzig, auf der Terrasse des Opern-
cafés, nett ausgelegt mit grünem Kunstrasen und bestellt mit
den allerwohlfeilsten, aber beeindruckend schneeweißen Billig-
möbeln aus Leichtplastik, schlich ein altes Mütterchen um die
Tische, schaute, zögerte, traute sich nicht recht, sah uns an, faßte
Mut und sich ein Herz, kam an unseren Tisch und flüsterte: «Ist
das hier nur für besondere Genossen, oder darf da jeder sitzen?»
Kein Kommentar zu dieser erschütternden Dokumentation, wie
sehr man Menschen einschüchtern und verbiegen kann – ja, der
Osten hatte so seine ganz eigene Apartheid.

Neulich, in einem Fernsehinterview, sagte Howard Carpen-
dale, Südafrikaner aus Johannesburg, daß ihm zum erstenmal bewußt wurde, was Apartheid ist, als er in London einen schwarzen
Mann und eine weiße Frau Hand in Hand auf der Straße sah, und
niemand weit und breit, der sie zusammenschlug oder überhaupt
nur verwundert stehengeblieben wäre. Zwanzig Jahre einer bestimmten Erziehung wurden ihm – sehr sympathisch – in diesem
Augenblick als irrsinnig bewußt. Neulich in der Tiefgarage, es ist
schon Abend und sehr still und verlassen, plötzlich läuft jemand
hinter dir her. Du gehst rascher, das Herz klopft bis zum Hals,
denn aus dem Fernsehen weißt du ja, daß dieser Mensch dich jetzt
umbringen will. Nein, er trägt dir eilig deine Einkaufstüte nach,
die du oben neben der Kasse vergessen hast. Neulich, neulich,
neulich. Es passieren kleine Geschichten, winzige Begebenheiten,
die das Licht, das über bestimmten Dingen lag, verändern. Die
Angst machen oder Angst nehmen oder plötzlich die Augen öffnen. Wie der Moment bei der Schlägerei in der Straßenbahn – da
ist der Augenblick, vor dem man sich immer wieder gefürchtet
hat, und plötzlich kann man ganz ruhig aufstehen, dazwischen-

gehen und sagen: «Sie hören jetzt sofort auf damit», und man drückt den Betrunkenen auf seine Bank und hat nicht einmal für einen Augenblick Angst gehabt – einfach so. Oder neulich, man hat den ganzen Tag gejammert über Streß, kaputtes Auto, das blöde Telefon, die falsche Post, und abends trifft man einen Freund, und er sagt beim Essen: «Ich hab Aids.» Alles, alles andere ist plötzlich gräßlich unwichtig, klein, vergessen. Oder neulich im Speisewagen nach Schwerin, man hat sich gerade eine Käseplatte bestellt, da merkt man: man sitzt im falschen Zug und muß an der nächsten Station schleunigst raus und umsteigen. Was tut der Ober? Packt den ganzen Käse säuberlich in Butterbrotpapier ein und steckt einem das Päckchen zu: «Da, das könnse doch im anderen Zug dann schön essen, der hat keinen Speisewagen.»

Es sind so kleine Momente, die etwas ändern – die glücklich machen, traurig, wütend, beklommen. Der Moment, wo du an einer Mülltonne vorbeigehst, aus der es fiept – du schaust rein und hast die nächsten fünfzehn Jahre einen wunderbaren Hund. Der Moment, NEULICH!, an dem die Mauer fiel und ein ganzes Volk im Freudentaumel auf der Straße war, gerührt auch die, die sich eine Wiedervereinigung nie besonders ersehnt hatten, sogar die, deren Sozialismusträume den Bach runtergingen – der Moment war großartig, bewegend. Bleibt was? Wenig. Und doch setzt sich das ganze Leben aus Momenten zusammen. Erster Kuß, Jawort, Augenblick der Trennung, der Satz des Arztes «Noch zwei Jahre», die Augenblicke von Wahrnehmung, Stich ins Herz, Seligkeit, Unfall, Schmerz, Tod. Dazwischen – all die langen Wege und Irrwege. Darf hier jeder sitzen? Ja, hier darf jetzt endlich jeder sitzen.

21/93

Das Leben ist so kompliziert!

ALSO . . . das wissen wir ja: Alles ist ungesund, einfach alles. Atmen ist ungesund – nur bleibt uns ja nun wohl nichts anderes übrig: geatmet werden muß. Aber in der Sonne sein ist ungesund. Und Eier sind ungesund. Eier sind sogar schädlich, weil die Hühner nicht gesund sind. Gut, wir haben da den Inhaber eines Gärtnereibetriebes aufgetan, der hat freilaufende Hühner (wir kennen jedes persönlich mit Namen), die legen demnach gesunde und glückliche Eier. Wir fahren ab und zu hin und decken uns salmonellenfrei ein. Auf Steinwolle gezüchtete, künstlich besonnte, bestrahlte Tomaten schmecken scheußlich und sind . . .? Richtig! . . . ungesund. Wir kennen einen türkischen Laden, da gibt es wunderbar aromatische Baumtomaten. Die kaufen wir. Als wir noch Fleisch aßen, fuhren wir in die Eifel zum Ökobauern – aber auch glückliche Lämmer und Kälber gewinnt man lieb und mag sie irgendwann nicht mehr essen. Von den anderen, im Dunkeln mit Hormonen großgezogenen, auf Wagen quer durch die Lande verfrachteten und am Ende massenweise geschlachteten Viechern gar nicht zu reden – Schluß mit Fleisch, wir essen Käse. Der Käse ist gemeinhin zu fett. Da gibt es aber einen bestimmten Laden in einem bestimmten Stadtteil mit einem bestimmten Käse – lecker, fettarm und gesund.

Das Einkaufen wird schwieriger. Unsere Kartoffeln kaufen wir nicht mehr im Supermarkt, sondern beim Erzeuger. Für den Biowein fahren wir bis in die Pfalz. (Wir fahren viel, um gesund einzukaufen! Wir fahren natürlich bleifrei, aber ganz rein ist unser Gewissen dabei auch nicht, selbst bleifrei ist noch ungesund . . .) Niemals würden wir Brot in einer dieser Massenbäckereien kaufen! Wenn wir nicht gleich selber backen (Körner aus einem ganz bestimmten, vertrauenswürdigen Reformhaus!), dann gibt es am anderen Ende der Stadt einen kleinen Laden, der wunderbares Brot hat. Man muß halt nur erst hinfahren – das dauert. Unsere Haustiere mögen nicht vegetarisch leben, aber dafür gibt's den Pferdemetzger – eine Reise an wieder ein anderes Ende der Stadt.

Und so sind wir tüchtig unterwegs, für all das Gesunde und Gute und den sortierten Müll und den Friseur, der nur mit Naturmitteln arbeitet, wir spülen wieder Milchflaschen, und neuerdings, ach!, waschen wir auch wieder Damenbinden und nehmen keine die Gewässer verunreinigenden Industrieprodukte mehr, sondern die gute Seiden-(!!!!)Binde aus dem Naturkostladen, die im Tontopf eingeweicht und gewaschen wird. Wenn wir um sechs Uhr aufstehen, schaffen wir es etwa bis Mitternacht, gesunde Dinge zu organisieren, den getrennten Müll wegzubringen und in der Nacht noch von Hand im Garten die Schnecken abzusammeln und ans Rheinufer zu tragen, denn die Schnecke will ja auch leben, nur soll sie das nicht gerade in unserem gesunden Salat tun.

Das Leben ist so kompliziert geworden! Dabei haben wir doch schon das Waschmittel, in dem Weichspüler und Klarspüler und Farbenretter und was weiß ich in EINEM Paket sind, wo Oma früher noch mit Kernseife von Hand arbeiten mußte! (Kernseife nehmen wir übrigens auch wieder, und Kosmetik kaufen wir nur in dem Laden, der Produkte ohne Tierversuche anbietet.)

Und ab und zu, wenn wir dann erschöpft sind von all der Rennerei nach dem Gesunden, stehen wir an der Frittenbude und schieben uns eine Currywurst, Pommes und Mayo rein. Wunderbar!

22/93

Was zieh ich an?

ALSO... es gibt wahrhaftig bewegendere Probleme, aber manchmal ist es das alltägliche Kleinzeug, das uns das Hirn vernebelt und den Verstand trübt. Beispiel: Was zieht man an? Na, was zieht man schon an, irgendwas, warm oder kalt, Jeans oder etwas feiner, den hellen Blazer oder den dunklen – die Mode ist unkompliziert, es hängt genug im Schrank, das geht hopphopp mit dem Umziehen, wenn man ausgehen will.

Aber es gibt die Tage, da geht nix. Das Grüne kneift. Am Blazer hängt unten der Saum raus. An der blauen Seidenbluse fehlt ein Knopf. Der graue Rock ist zu eng in der Taille. Für den langen, luftigen Rock bräuchte man, das sieht man aber erst jetzt bei Lampenlicht, dringend einen Unterrock, alles scheint durch, so kann man unmöglich gehen. In der roten Jacke sieht man aus wie verkleideter Affe auf Drehorgel. Mitten auf dem Seidenblazer ist ein Fleck, wenn man ihn rausmachen will, wird er erst richtig schön. Das Geblümte ist für heute abend zu dünn, das Schwarze zu elegant. Der Faltenrock ist zu lang und guckt unterm Mantel vor. Also: wieder Jeans. Aber da war doch noch diese Nadelstreifenjacke von dem Kostüm, dessen Rock zu eng war und in der Kleidersammlung gelandet ist, wo ist denn diese Nadelstreifenjacke? «Hast du irgendwo meine Nadelstreifenjacke gesehen?» – «Was für eine Nadelstreifenjacke?» – «Na, die, wo der Rock zu eng war.» – «Die hast du doch in die Kleidersammlung gegeben.» – «Die Jacke doch nicht!» – «Dann muß sie ja da sein.»

Sie ist aber nicht da.

Sie ist doch da, in der Blechkiste mit den Wintersachen, ganz unten, ganz zerknittert. Aber die muß es heute sein, die und keine andere. Also wird sie gebügelt, zehn Minuten, ehe wir nun aber wirklich aus dem Haus müssen. Bügelbrett, Bügeleisen, ein Tuch suchen, damit es nicht speckig glänzt (fürs Dampfbügeleisen ist schon seit Wochen kein destilliertes Wasser mehr da), in Windeseile bügeln, anziehen – herrlich! Herrlich? Scheußlich! Da sind ja noch die dicken Schulterpolster drin, mit denen man aussieht wie der Kleiderschrank von Arnold Schwarzenegger! «Bist du fertig?» – «Moment, ich muß noch eben die Schulterpolster raustrennen.» – «Du mußt WAS?» Wo ist denn die kleine scharfe Schere? Es ist zum Verzweifeln. Und so einfach geht das auch nicht mit den Schulterpolstern, das sind nicht solche billigen mit Klettbefestigung, nein, die sind unterm Futter angebracht, und aus der Jacke wird nun heute nichts mehr. Umsonst gesucht, umsonst gebügelt, also die rote Affenjacke und den ganzen Abend schlechte Laune, weil jeder Spiegel wiedergibt, wie blöd man aussieht – niemand sieht es, nur man selbst weiß: Heute kann ich anziehen, was ich will, ich sehe zum Fürchten aus, ja, die Nadelstreifenjacke, die wär's gewesen! (ER trägt übrigens seine ausgebeulten Jeans und die Turnschuhe mit den dreimal geknoteten Schnürsenkeln und fühlt sich wohl!)

Danach – wochenlang kein Kleiderproblem, anziehen, fertig, aus. Bis wieder so ein Abend kommt, an dem die weiße Bluse in der Wäsche ist, der schönste Rock in der Reinigung, auf dem schwarzen Pullover hat die weiße Katze übernachtet, und die Nadelstreifenjacke ... tja, da sind immer noch Arnolds Schulterpolster drin. Und ich? Wäre am liebsten tot in meiner roten Affenjacke.

23/93

Guten Gruß!

ALSO... was soll das eigentlich mit dieser ewigen Grü-
ßerei? «Schöne Grüße auch an Karlheinz!» Aber ja doch. Ich sage:
«Karlheinz, ich soll dich von Roswitha grüßen», und er fragt:
«Wer ist Roswitha?» Kein Gespräch kann mehr enden, ohne daß
Grüße aufgetragen werden – grüßen Sie bitte Ihre Frau Mutter,
Ihr Fräulein Tante, Grüße an das liebe Kind! Das liebe Kind pfeift
auf irgendwelche Grüße, und Vater sagt: «Grüße? Kann ich mir
nix für kaufen.» Was treibt uns um, warum muß gegrüßt werden?
Wir schreiben Urlaubskarten, auf denen oft nichts anderes steht
als: «Liebe Frau Schmidt, Lothar und ich grüßen Sie herzlich aus
Mallorca.» Na, da hat es Frau Schmidt jetzt aber schön, der Tag
läuft gleich ganz anders! Grüße schickt man in der Regel an Leute,
die einem nicht viel bedeuten, mit denen man es sich aber auch
nicht verderben will. Man grüßt, das gehört sich so, wenn man
irgendwo im Urlaub ist, und auch dann, wenn man dem Gegrüß-
ten gar nichts zu sagen hat. Gegrüßet seist du, Maria! Auch in der
Kirche wird gegrüßt, gleich in den Himmel hinein, und Volks-
Chöre schmettern: «Grüaß euch Gott, alle miteinander, alle miteinander!»

«Grüß dich!» ist die groteskeste aller Begrüßungsformeln – da
begegnen sich zwei Frauen, einander als Freundinnen vermutend,
aber jede denkt doch heimlich etwas anderes darüber, und die eine
sagt spitz: «Grüß dich, Gisela! Guuuut siehst du aus.» Was nun?
Erstens sieht Gisela jammervoll aus, und zweitens: Soll sie sich
nun selber grüßen? Oder ist «Grüß dich!» nur die verkürzte Flos-
kel für «Ich grüße dich»? Da ist das bayerische «Grüß Gott!»
schon klarer und wird auch oft erwidert mit: «... wenn du ihn
siehst.» In den Schlagern früherer Jahre wurde gern und schön
gegrüßt – «Liebling, mein Herz läßt dich grüßen!», und die Dich-

ter reimten: «Wenn du eine Rose siehst, sag, ich laß sie grüßen.» Heinrich Heine wußte auch, wann man besser nicht grüßt: «Blamier mich nicht, mein schönes Kind, und grüß mich nicht unter den Linden. Wenn wir nachher zu Hause sind, wird sich schon alles finden ...»

Im Militär ist streng festgelegt, wer wen wann wie zuerst grüßt, das hängt irgendwie auch damit zusammen, wieviel Gold an Mütze und Ärmeln ist oder so. Und als Teenager bekam ich noch beigebracht, daß die jüngere Dame die ältere zuerst, der ältere Herr wiederum die jüngere Dame grüßt. Neuerdings reißt etwas ganz Merkwürdiges in Sachen Grußkultur ein: «Das Ozonloch läßt grüßen!» schreibt die Zeitung in dicker Überschrift, und so wie das Ozonloch grüßt uns auch das Loch in der Haushaltskasse, Stalingrad (wo es um Kriegsberichterstattung geht) oder das Autogetriebe: «Schönen Gruß vom Getriebe, der Gang ist drin.» Der Firmenchef ist in Wirklichkeit nur der Grüßaugust, und schön ist auch, was wir an Grüßerei unter unsere dienstlichen Briefe klemmen – sind es freundliche, ergebene, höfliche Grüße? Immer gehört ein Adjektiv dazu, nur einfach so zu grüßen, das gehört sich nicht – man grüßt mit Gefühl. Alles Getue. Ich bestelle keine Grüße mehr, ich will auch nicht mehr gegrüßt werden, außer mit «Guten Tag» und persönlich, aber nicht über Dritte von Rita. Ich weiß einfach nicht, wohin mit all den Grüßen. In diesem Sinne – Kranz mit Schleife, «Letzter Gruß» (nicht mal im Grab ist Ruhe vor der Grüßerei): Ich grüße meine Leser, ergeben, herzlich und endgültig.

24/93

Brett vorm Kopf!

ALSO ... wohin man auch guckt und was immer man
auch kauft: Es klebt was drauf. Erregen wir uns hier einmal ausnahmsweise nicht über die unvergänglichen Preisschildchen auf
Gläsern, Büchern, Geschenkartikeln – das wissen wir alle, das
geht nie mehr runter, kein Leim, den man kaufen kann, ist so
hartnäckig wie der Leim auf Preisschildchen. Reden wir auch
nicht (obwohl das mal ein schönes Thema wäre!) über die Preisschildchen, die so hinreißend raffiniert an genau den richtigen
Stellen angebracht sind, nämlich zum Beispiel just auf dem Halt-
barkeitsaufdruck, wie praktisch! Nein, reden wir doch einfach
nur darüber, was man noch wo aufkleben oder hinschreiben, ein-
weben, festschrauben oder mitteilen kann. Keine Kiwi ohne ova-
les «New Zealand»-Zettelchen – ach, und wir dachten immer, die
Kiwis kämen aus Wanne-Eickel? Auf der Banane klebt «Chi-
quita», auf dem Apfel «Braeburn», auf dem weißen Pfirsich
«Bayard». Auf dem Schuh klebt «Obermaterial Leder», und unterm Schuh klebt das nicht lösbare Preisschildchen, mit dem die
Trägerin signalisiert: Neue Schuhe hab ich an, Preis klebt noch!
Vielen lieben Dank, daß ihr nicht auf jede Kirsche «Weichsel» und
auf jede Zwetschge «Bühl» druckt! Dafür gibt es keine Jeans ohne
Lederschild oder Stickerei mit Herkunftsnamen, und es ist ja auch
wichtig für den, der einem von hinten auf den Hintern guckt, ob
wir Levis, GAP, Wrangler, ob wir Valentino, Lagerfeld oder Armani tragen in Sachen Jeans, mein Gott, das sagt doch was aus!
(Was noch mal? Vergessen.) Gewisse Koffer und Handtaschen
haben ihr Firmensignet fest eingedruckt, auf gewissen Seiden-
tüchern steht der gewisse Schriftzug, und Autos zeigen am Heck
nicht nur, ob sie Luxus oder Standardklasse sind, sondern der
Autohändler hat sich mit seinem Firmenschild an der Heckscheibe

auch noch verewigt. Firmennamen in Pullovern und auf Unterwäsche, in Mänteln und Jacken, und die Freundinnen zupfen sich an den Revers der Jacketts, fragen: «Oh, Armani?» Sehen hinten unterm Kragen nach und sagen: «Ach, aber nur Emporio!» Der Teddy hat den Knopf im Ohr, an dem die Schleife mit dem Firmennamen befestigt ist, und ich schlage vor, daß wir uns jetzt Kennkarten an die Stirn kleben.

«Sind Sie nicht Frau Heidenreich, kenn ich Sie nicht aus dem Fernsehen?» Karte, Klebstoff, paff, an die Stirn: «Ja, ich bin Frau Heidenreich.»

Überhaupt ließe sich manche Konversation so erleichtern – «Ledig, 35, mit Kind, Büroangestellte.» Da weiß man doch, woran man ist. Früher sah man es am Ehering, aber heute kann man sich auf so was nicht mehr verlassen. Da wär das Brett vorm Kopf mit detaillierten Angaben – «Junggeselle, Mantafahrer» – doch eine schöne Alternative. Ich warte überhaupt darauf, daß unsere Polizei endlich den Vorschlag der «Drei Tornados» aufgreift, der schon Jahre alt ist: Lesestreifen mit allen persönlichen Daten auf die Stirn, bei Kontrollen mal eben mit dem Lesestift drüber – aha, der Junge ist vorbestraft, arbeitslos, obdachlos – mitkommen! Das spart Arbeit und Ermittlungsärger. Warum soll nur die Welt der schönen Waren erfaßt werden, warum nicht wir mit Knopf im Ohr? Gut, zugegeben: bißchen übertrieben. Aber ich bin Fan der No-name-Produkte, auf denen ein großes «JA!» steht. Das ist doch was. Bin grade dabei, aus all meinen Klamotten die Etiketten rauszutrennen. Was soll ich Ihnen sagen, es geht nicht! Wie festgeschraubt! DAS ist es, was mich ärgert: daß wir MÜSSEN.

25/93

Es riecht – allüberall

ALSO ... es ist nicht mehr auszuhalten. Es ist ein Grund, nicht Straßenbahn zu fahren. Es ist ein Grund, sich an der Supermarktkasse aus der Schlange rauszustehlen und sich in drei Teufels Namen ganz hinten wieder anzustellen. Es ist ein Grund, im Zug das Abteil, im Flugzeug den Platz zu wechseln. Es vermiest einem das Essen im Restaurant und das Bier an der Theke. Es ist das Letzte, es ist unerträglich, es ist überall, und es wird immer mehr.

WORÜBER REGT SICH DENN FRAU HEIDENREICH NUN SCHON WIEDER SO AUF?

Ha, warten Sie nur ab! Wenn ich es Ihnen erkläre, schreiben Sie mir wieder bergeweise diese schönen Briefe, in denen steht, wie recht ich habe, und genau DAS hätten Sie auch schon immer gedacht, und das würde Sie auch so entsetzlich stören, und das sei wirklich furchtbar, und was man denn gegen diese Pest machen könne? Und dann werde ich euch zurufen: Ha! Tut doch nicht so! Ihr gehört ja auch dazu!

Und dann werde ich ganz kleinlaut im stillen denken: Ich gehöre auch dazu, aber natürlich ist das bei mir alles viel dezenter und schöner ... aber da das jeder von sich denkt, hört es nie auf, und ich brauchte auch genausogut gar nicht darüber zu schreiben. Es geht ums Parfümieren. Es geht um Düfte.

Es geht um Geruch bis Gestank allüberall, ob wir radfahren, spazierengehen, im Kino, im Theater sitzen, ob wir an der Theke stehen oder am Schalter – es wird geduftet. Es wird geduftet nach Rosen und Moschus, nach Veilchen und Melisse, da sind der schwere Duft der echten Dame, die Frühlingswiese des jungen Mädchens, das herbe Leder des Herrn mit Goldkettchen – jeder hat heute sein Parfüm, es gibt mehr Parfümerien als Buchläden, und sie florieren. Wenn wir so duften wie Isabella Rossellini, dann sind wir auch so verführerisch wie Isabella Rossellini, also: noch einen halben Liter in den Ausschnitt schütten und dann zum Eisessen gehen. Das Eis, das man neben dieser Wolke essen muß, kann einfach nicht mehr schmecken. Jaja, das kennen wir ja alles: wie erotisch Düfte sind, wie sie die Gefühle ankurbeln, und wir haben auch alle «Das Parfüm» gelesen und wissen: Ohne die Nase läuft gar nichts, aber mit zuviel Parfüm läuft – mir zum Beispiel – die Nase: ich werde allmählich allergieanfällig und kriege in Kinos mit zuviel Eau de Toilette Niesanfälle. Manchmal kommen einem auf offener Straße Herren entgegen, die ein so aufdringlich ekelhaftes After-shave als Wolke hinter sich herziehen, daß man lüften möchte – aber wie lüftet man draußen? Man kann nur einige Meter lang die Luft anhalten und hoffen, daß der Dunstkreis dann verfliegt. Ja, ich bekenne: Ich benutze auch Parfüm, seit zwanzig Jahren dasselbe, alle meine Sachen riechen danach, aber ich hoffe: dezent. Nun ja, das hofft jeder, und wir sehen, wie groß dieser Irrtum ist. Es grenzt an Verletzung der Würde des Nächsten, wenn man als Veilchenstrauß in ein Chinarestaurant geht, und daneben mußt du dann deine Frühlingsrolle reinwürgen. Am schlimmsten sind nicht die feinen Parfümdüfte, sondern die Mischungen: ein Parfümspray auf dem Hals, ein Haarspray auf dem Kopf, ein Deo unterm Arm, eine Gesichtslotion, die wieder anders riecht, das Ganze komponiert zu einer einzigen olfaktorischen Quälerei (nervus olfactorius: Riechnerv). Und so rufe ich denn flehend: Weniger wäre mehr! Hatschi.

26/93

Ein Stück Kulturgeschichte

ALSO ... etwas, worüber ich mich nicht genug amüsieren kann, sind die Klamotten unserer Popstars. Das ist einfach zu schön und spannender als diese High-Society-Modeschauen in Paris oder Mailand, was da abläuft – von den MTV-Musik-Videos über die Bühnen-Live-Auftritte der großen Stars bis in die Provinz: ein Stück Kulturgeschichte, nicht erst seit heute. Legendär der weiße Lederanzug mit Fransen und Goldknöpfen, den der dicke alte Elvis auf Hawaii trug, ach, und die Flatterkleider von Melanie, die Wurstpellenhosen von Mick Jagger, die lila Stehkragenhemden von Willy de Ville! In einem Konzert seiner Band, Mink de Ville, sah ich mal die verrückteste Kleiderordnung auf der Bühne; wo normalerweise die Mitglieder einer Band sich ähneln – alle Jeans und T-Shirt oder alle schwarzes Leder –, ging es hier quer durch den Modegarten des abenteuerlichen Geschmacks: Willy, der smarte Meister, einer der letzten Romeos mit Lackhaaren und Menjoubärtchen, in Krokostiefeletten, Nadelstreifen im Zuhälterstil und ebenjenem lila Stehkragenhemd. Sein italienischer Saxophonist Louis Cortelezzi atemberaubend elegant in Armani, am Klavier ein Randy-Newman-Verschnitt mit wirren Locken, Nickelbrille und Woody-Allen-Holzfällerhemd, am Schlagzeug eine Art Held der Arbeiterklasse in Unterwäsche – also, man hatte bei diesem Konzert genausoviel zu gucken wie zu hören. Heute läuft Axl Rose von Guns N' Roses mit einem karierten Plaid um den Bauch herum und entstellt sich überhaupt, so gut er kann, und Madonna hat der Büsten- und Hüfthalterindustrie wieder tüchtig auf die Sprünge geholfen. Sie war nicht die erste: Schon Annie Lennox zeigte zu gern ihre roten und schwarzen BHs, und Gianna Nannini wirbt für Fetzenjeans. Michael Jackson plagt sich und uns mit seiner Vorliebe für Uniformen, und der kleine Prince entdeckt den Plateausohlenschuh neu. Tja, nicht so einfach, ein Popstar zu sein – man muß sich unterscheiden! Man muß herausragen! Man muß auffallen! Auffallend ist, daß die wirklich ganz Großen nichts in dieser Richtung tun. Cher muß mit Negligés von ihrer Musik ebenso ablenken wie das putzige kleine Frl. Madonna, und Mick Jaggers Strampelhöschen signalisieren auch nicht gerade erwachsenes Selbstbewußtsein. Letztes Jahr im Fernsehen – vier Stunden aus dem Madison Square Garden in New York, Hommage an Bob Dylan. Flatterkleider? Büstenhalter, Fransenhosen, Krokoschuhe? Ach du liebe Güte, nein. Hier wurde ja noch richtige Musik gemacht von richtigen Könnern – Neil Young frisch aus dem Bastelkeller im zerknautschten Karohemd, die meisten anderen in Jeans und Jacke, keine Goldknöpfe, nur ein Gitarrist in taubenblauer Seide – sonst: vorherrschend schwarz. Aber so gelassen kann wohl nur aussehen, wer sich selbst und seinen Stil gefunden hat. Das ist ähnlich wie im richtigen Leben: Den Exzentriker-Look halten nur die wenigsten lange durch und entwickeln ihn wirklich zum eigenen Ausdruck – mal ein bißchen schrill, nun gut, aber immer? Das lebt sich irgendwann aus, und schließlich ist man auch kein Popstar. Die dürfen das. Na, ich weiß nicht ... allmählich gehen Cher, Madonna und Thomas Gottschalk mir mit ihren Fummeln auf den Keks, es ist gar zu gräßlich. Nur Elton John (das ist der mit der neuen, teuren Pflanzfrisur) – dem sei alles verziehen.

1/94

All diese Plagen

ALSO ... ins Freie sollen wir ja nun nicht mehr so unbe-
kümmert gehen wie früher – «Komm rein, Patrizia», ruft die
Mutter, «draußen ist Ozon.» Der saure Regen ist vergessen, dafür
haben wir jetzt das Ozonloch. Mißtrauen ist angesagt beim leuch-
tenden Rot der Tennisplätze – hat man da nicht jahrelang über-
schüssiges Dioxin verwurstet? Im Mund haben wir noch alte
Amalgam-Füllungen, deren Quecksilber uns langsam, aber sicher
vergiftet und Schuld trägt an unserer matten Lustlosigkeit. Natürlich essen wir keinen Toast mehr, verbranntes Brot erzeugt ja
Krebs, wir essen Vollkornbrot, obwohl man inzwischen weiß,
was für Gift auch der sogenannte Öko-Bauer heimlich oder natur-
bedingt in seinem Boden hat. Es gibt keinen Tropfen sauberes
Wasser mehr auf der Welt, alles schon irgendwie verseucht, zum
Trinken müssen wir es kochen, und das Baden in Flüssen und
Meeren empfiehlt sich nicht – chemische Rückstände, Algen,
Industriedreck.

In unseren Wohnungen tickt die Asbest-Bombe, in den Büros,
in denen wir arbeiten, auch. Ja, das wußte man ja damals alles
noch gar nicht! Die schönen leichten Bauplatten, und nun soll das
alles verseucht sein und wieder rausgerissen werden? Und was
kommt dann rein? Etwas, von dem man in zehn Jahren weiß, daß
es taub macht oder sonstwas? Der Holzwurm ist aus unseren alten
Möbeln gebannt, dafür atmen wir Nacht für Nacht die Dämpfe
giftiger Holzschutzmittel ein und müssen uns nicht wundern,
wenn wir Kopfschmerzen haben und unsere Ehe ruiniert ist. Haben Sie schon gehört, aus den Leuchtstoffröhren der Stadtverwaltung kommen krebserregende Stoffe! Hunderttausende von
Leuchtstoffröhren in Hunderttausenden von Stadtverwaltungen
sondern PCB-Konzentrationen in unzumutbarer Höhe ab, po-

lychlorierte Biphenyle. Wir wissen nicht, was es ist, aber es ist gefährlich! Es macht uns matt! Schwermütig!

Dabei haben wir doch schon Atemschwierigkeiten durch den Schadstoffgehalt der Luft, wir haben Magenbeschwerden durch die Giftkonzentration in den Nahrungsmitteln, unsere Augen tränen, weil wir eine Allergie nach der anderen kriegen, ach, und ist nicht Gift in den Tapeten? Hat nicht neulich jemand gesagt, in den Tapeten wäre Gift? Natürlich ist Gift in den Tapeten! Wo ist denn kein Gift?

Asbest, Krebs, Dioxin, Aids, saurer Regen, Atom, Ozonloch, Verstrahlung, PCB und, und, und. Nein, wir haben keinen gesunden Ort mehr auf dieser Welt. Von ungewaschenem Obst kriegen wir Durchfall und vom Küssen Herpes. Jetzt packen wir das Ränzlein und gehen als Eremit in die Wüste – ha! Geht nicht! Da tobt schon die Rallye Paris–Dakar, Schadstoffausstoß. Lärmbelastung.

Was sollen wir denn tun? An das zweite Buch Moses denken, Freunde, an all die Plagen, die der Herr versprochen und auch wirklich geschickt hat. Wißt ihr noch? Als erstes wurden die Flüsse vergiftet, die Ströme stanken, die Fische starben, die Ägypter hatten kein sauberes Wasser mehr zu trinken. Dann kam jede Menge Ungeziefer, dann die Pest, dann zerstörten Unwetter die Ernten, und so ging das weiter, und so ist die Bibel doch ein schönes Geschichtenbuch, das uns sagt: Wenn der Mensch meint, er hätte alles im Griff und könnte mit seiner Welt recht hochnäsig und so arrogant umspringen, wie es ihm gerade paßt – siehe da, dann häufen sich die Plagen. Das ist nun mehr als 3200 Jahre her. Gelernt haben wir nix. Außer: über Plagen klagen.

2/94

Alle in die Talkshow!

ALSO... wollen Sie auch mal ins Fernsehen? Nur Mut, es war noch nie so einfach. Irgendwas wird doch in Ihrem Leben oder in Ihrer Familie interessant sein, oder? Interessant, grotesk, ganz gleich: Melden Sie sich. Wenn Sie eine etwas perverse sexuelle Neigung haben, empfehle ich Margarethe Schreinemakers. Können Sie unter Wasser acht Minuten die Luft anhalten, sind Sie richtig bei Ilona Christen, redet Opa aus dem Jenseits mit Ihnen, wäre es bei Hans Meiser doch schön für Sie, der versteht alles. Wenn Sie eigentlich NIE NIE NIE ins Fernsehen wollten, aber doch im Grunde was zu sagen haben, kommt nur Roger Willemsen in Frage, und wenn Sie das Gefühl haben, die Welt hat Sie vergessen, obwohl Sie doch in den 50er Jahren mal ganz berühmt waren – der gute Alfred Biolek wird Sie zart behandeln. Wenn Sie Möllemann, Schäuble, Süssmuth heißen oder gerade in einer neuen Vorabendserie des ZDF mitwirken, empfehle ich «Live», die Donnerstag-Talkshow, in der ich selbst lange genug war – ich kenne also die Qualen, interessante Gäste zu finden. Das Hauptproblem ist: es gibt zu viele Talkshows und zuwenig interessante Menschen. Aber bitte, prüfen Sie sich doch noch mal.

Haben Sie schon all die Kleinanzeigen in den Zeitungen gelesen, etwa: «Hatten Sie als Schüler / in Sex mit Ihrem Lehrer / Ihrer Lehrerin? Bitte melden Sie sich unter . . .» – «Sodomie – für Sie ein Thema? Bitte rufen Sie uns an, Diskretion zugesichert», oder: «Für eine Talkshow suchen wir noch Menschen, die sich durch Bluttransfusionen mit Aids infiziert haben.» Sind Sie dafür, sowieso alle Menschen ab 60 in Heime hinter Gitter zu sperren? Los, ab mit Ihnen auf den «Heißen Stuhl», oder haben Sie kühne Thesen auf Lager etwa zum Thema «Das kann der Neger nicht . . .»? Bei «Einspruch!» sind Sie damit bestimmt hochwillkommen.

Wenn Ihnen aber schon alles egal ist, egal, wie Sie sich blamieren, egal, wie Sie behandelt werden, egal, was man mit Ihnen macht, ja, dann bleibt doch immer noch Thomas Gottschalk. (Schade eigentlich, daß ICH nicht mehr als Talkmasterin dasitze, dann hätte ich noch dazuschreiben können: Wollen Sie mal ganz sicher sein, daß man Sie nicht ausreden läßt – ab mit Ihnen zu «Live». Aber das gilt nun leider auch nicht mehr, da darf jetzt jeder alles fertig sagen, auch wenn die Nation dabei in tiefen Schlaf sinkt.)

Ich sage nichts Neues: Es ist inflationär geworden mit der Fernsehtalkerei. Man komme nicht mit den USA, in denen tägliche Talkshows über die Scheibe flimmern – die Amerikaner sind ein 250-Millionen-Volk, da sieht die Sache anders aus. Bei uns versucht man für eine Fülle von Talkshows immer wieder neue Leute zu finden, aber es sind dann eben immer wieder Teresa Orlowski, Drafi Deutscher und Uta Ranke-Heinemann. Raten Sie bitte, wieviel Auftritte die unnachahmliche Frau Professor in deutschen Talkshows schon hatte – na? Falsch. Ich weiß von 103, inzwischen können es aber auch schon ein paar mehr sein. Wer will denn das noch sehen? Und der berühmte einfache Mann beziehungsweise die einfache Frau von der Straße – die bringen halt nicht immer Schwung in die Bude. Gestern abend sah ich wieder mal Hella von Sinnen, die in einer Talkshow erzählte, daß sie Cornelia Scheel heiraten möchte und nicht darf. Haben Sie verpaßt? Nicht traurig sein. Kommt sicher übermorgen noch mal bei 0137.

3/94

Die Tränen im Kino

ALSO... ich habe mir den Film «Das Geisterhaus» angesehen und mehr als zwei Stunden geheult. Warum? Ach, wenn ich
das wüßte. Weil ich an dem Tag schlecht drauf war. Weil es so
schön dunkel war. Weil zwei der Frauen im Film hießen wie
meine gestorbenen Katzen. Weil, weil, weil. Der Film fing an,
und die Tränen flossen. Sie flossen aus Sentimentalität über die
Liebesgeschichten, sie flossen aus Rührung, aus Entsetzen bei den
Folterszenen, aus Wut auf die chilenischen Faschisten, sie flossen
aus Selbstmitleid – wie liebevoll gehen in diesem Film ausnahms-
los Mütter und Töchter miteinander um! Das will ich auch haben,
aber ach! Sie flossen. Ich heulte und schniefte über das verrin-
nende Leben und zerbrechende Glück, über die Ungerechtigkeit
des Schicksals und das Unglück der Menschen, und ich heulte,
weil Meryl Streep so wunderschön ist und ich nicht. Ich heulte,
weil ich mal wieder heulen mußte. Wochenlang funktioniert, gearbeitet, guten Eindruck gemacht, das Leben und all seine Fähr-
nisse bewältigt und immer tapfer, stark, immer zusammenge-
nommen, Zähne zusammengebissen, runtergeschluckt. Ängste
runtergeschluckt, Enttäuschungen weggepackt, nur nachts in den
Träumen Schrecken zugelassen. Und jetzt im dunklen Kino ein
Film. Vielleicht ein bißchen rührselig, vielleicht zu sehr mit ans
Herz gehender Musik verkleistert, vielleicht zu opulente Bilder –
aber die Mischung stimmt, und sie funktioniert: Da! Die Her-
zenstüren öffnen sich, die Augen werden feucht, die Tränen rinnen. Und rinnen und rinnen, und die Freundin guckt von der Seite
und flüstert: «Was hast du denn? So traurig ist es doch nun auch
wieder nicht!» Ach, was weiß denn die vom Leben! Herzlose Person. Aber als der alte Esteban den jungen Revolutionär aus dem
Land schmuggelt und damit seine lebenslangen politischen Über-

zeugungen verrät – ha! Da heult sie auch. Und als das Licht an-
geht, haben achtzig Prozent der Zuschauer rote Augen, die übri-
gen zwanzig stufen wir als gefühllose Steine ein. Was habe ich im
Kino nicht schon geheult! Alle Tierfilme wurden durchweint, bei
«Vom Winde verweht» weinte ich mit Scarlett, bei «Giganten»
mit James Dean. Und immer weinte ich nur stellvertretend – nie
war es wirklich der Film, der war der Auslöser. Filme sind ein
wunderbares Ventil, das endlich herausläßt, was heraus muß –
dazu sind sie konstruiert. Und man weint ja auch nicht nur, weil
es so traurig ist, sondern auch, weil es so schön ist. Sentimentalität! Kitsch! Verlogene Gefühle! Klar doch. Aber was wären denn
wahre Gefühle? Kann man Gefühle, wenn sie wie die Schnee-
schmelze durchs Herz donnern, einteilen in wahr und falsch?
Nichts gegen die reinigende Kraft der Tränen im Kino. Es ist das
harmloseste Weinen von allem – schnell entfacht, schnell vorbei,
das Herz ist danach wie ein weichgekochtes Ei. Das Make-up jedoch ist im Eimer – schwarz zieht der Kajal seine Spuren die Wangen abwärts – schnief. Macht nichts, es war so schön, mal wieder
tüchtig zu heulen, jetzt ist man wieder gestählt für den täglichen
Kampf an der Front da draußen. Und schon schämt man sich. Wie
konnte man sich bloß so gehenlassen? Tja, da haben eben die Gefühle der modernen emanzipierten Frau mal wieder ein Schnipp-
chen geschlagen. Das waren die Geister aus dem GEISTER-
HAUS.

4/94

Ach, was mir alles fehlt…

ALSO… mir fehlen so viele liebe kleine Dinge, die es früher gab. Mir fehlen die Schwarzweißfotos mit den Zacken ringsherum, erinnern Sie sich? Unregelmäßige Zacken rahmten das Bild ein und machten es kostbar, als wäre das Barock-Rähmchen gleich mit drum. Mir fehlt das magische grüne Auge am Radio, das anzeigte, ob der Sender (Beromünster! Hilversum!) klar eingestellt war, und das im Dunkeln leuchtete, wenn man Radio hörte. (Hört noch jemand außer mir im Dunkeln Radio, Konzerte, Hörspiele, Magazine?) Mir fehlt der Kinderfunk. Vereinzelt wird er wieder eingeführt, zu sparsamen Vorabendzeiten oder in 15-Minuten-Häppchen. Wo ist die Stunde am Sonntagnachmittag zwischen 14 und 15 Uhr, wenn Vater Mittagsschlaf hielt (ach, mehr als alles andere fehlt mir Vater, fehlt mir sein Mittagsschlaf!), und die Kinder hörten «Sängerkrieg der Heidehasen» in der Küche? Mir fehlt der höchst ungesunde Apparat im Schuhgeschäft, in den man seine Füße schieben und durchleuchten konnte: Auf Knopfdruck erschienen die Fußknöchelchen und zeigten an, ob der neue Schuh auch richtig sitzt – eine unglaublich idiotische Strahlenbelastung, wie man heute weiß, aber eines der Wunder unserer Kindheit! Meist standen diese Geräte in den einzigen Schuhgeschäften, in die man uns überhaupt reinkriegte, weil es nur da die kleinen grünen Lurchi-Heftchen gab! «Lange tönt's im Walde noch, unser Lurchi lebe hoch!» Unvergessen.

Mir fehlen die kleinen braunen, harten, immer leicht gebogenen Bahnsteigkarten. Mir fehlt die rechteckige, blaue Briefmarke mit dem Aufdruck: Notopfer Berlin. (Na, wenn's so weitergeht mit dem Umzug und den Kosten, dann können wir die ja bald sicher wieder ausgraben!) Mir fehlt mein Tornister, mit dem ich zur Schule ging. Innen war die Schiefertafel, außen baumelte das nasse Schwämmchen zum Putzen derselben. Heutige Kinder tragen kleine Computer in ihren rosa Adidas-Rucksäckchen zur Schule. (Wenn die groß sind, wird ihnen das fehlen, denn dann sehen Schulkinder schon wieder ganz anders aus!)

Mir fehlen die Fausthandschuhe, die mit einer Kordel zusammengenäht waren, so daß sie um den Hals baumelten, wenn man sie auszog. Mir fehlt der bestickte Handarbeitsbeutel. Mir fehlt der Glaube ans Christkind und den Klapperstorch (an den Osterhasen dagegen glaube ich noch immer, wer sollte denn sonst die bunten Eier bringen?), und Himbeersirup fehlt mir auch. Den gibt es bestimmt noch, aber nicht mehr in meinem Leben. In meinem Leben bringt der Getränkemann alle paar Wochen eine Ladung Saft, Bier, Mineralwasser. Aber wenn man früher Durst hatte, gab es zwei Fingerbreit roten Sirup ins Glas, aufgefüllt wurde mit einfachem Leitungswasser.

Mir fehlen Kinder mit Salmiakpastillen in Sternform auf dem Handrücken, zum Dranlecken. Mir fehlt die weiße Email-Milchkanne, bei der man das Geld unten drin vergaß, wenn man Milch holte. Mir fehlt Elvis, mir fehlen Himbeerbonbons in Tütchen mit kleinen blauen Sternchen drauf, mir fehlt das in der Mitte unterteilte VW-Rückfenster. Mir fehlen der Fahrkartenknipser in der Straßenbahn, der Briefträger am Nachmittag, das Murmelspielen mitten auf der Straße, mir fehlt ... Mir fehlt gar nichts, ich hab alles. Und heute hab ich gerade einen schlechten Tag, sorry.

5/94

Geheimnisvolle Zettel

ALSO ... ich habe so einen Hang, Dinge, die ich mir merken will und muß, wahllos auf Zettel zu schreiben. Eben fand ich einen solchen Zettel, in meinem Adreßbuch. Es steht darauf, in großen ernsten Buchstaben: NICHTS VON WERFEL! Was will mir der Zettel sagen? Daß wir bei Werfel nicht mehr einkaufen? Daß wir lange nichts von Familie Werfel gehört haben? Nein, er sagt: daß ich eines Tages entsetzt festgestellt habe, daß in unseren Bücherregalen nicht ein einziges Buch von Franz Werfel steht, aus welchem nachlässigen Grund auch immer. Ich habe mir das wohl aufgeschrieben, um beim nächsten Gang in den Buchladen nachzusorgen.

Was bedeutet der Zettel mit «1,30 mal 2,20, 40 hoch»? Es sind Maße, ja, aber nun doch nicht meine. Ein Bett? Betten sind oft 1,30 m breit. Welches Bett? Wessen Bett? Wollte ich eine Bettdecke kaufen? Was bedeutet der Zettel, den ich unter der Kommode im Flur fand: «Mi. fr. To-Pfl. / Ma.» steht drauf, in der Schrift des Hausherrn. Ach, sagt er, Mist, hab ich vergessen, Mittwoch wollte mir der Bauer auf dem Markt frische Tomatenpflanzen für den Garten mitbringen. Mi. fr. To-Pfl. / Ma., ja, natürlich. Wie wohltuend dagegen an der Kellertür: «2. 11., Leo Geburtstag!» Einkaufszettel, die Woche über akribisch geschrieben bei jeder Entdeckung von Fehlendem – Salz, Zahnpasta, Bandnudeln, mahagonirote Schuhwichse –, vergesse ich grundsätzlich auf der Küchenkommode.

Ich habe auch nie die Zettel mit den Maßen dabei, wenn ich Tischdecken oder Stoff für irgendwas (1,30 mal 2,20, 40 hoch) kaufen will. Hatte die Lampe im Flur, die nun schon ewig kaputt ist, Birnen mit kleinem oder mit großem Schraubgewinde oder gar eine französische Fassung? Keine Ahnung. Steht auf irgendeinem Zettel, aber den Zettel finde ich nicht. Wenn ich von solchen frustrierenden Einkäufen nach Hause komme, liegt auf meinem Schreibtisch ein Zettel: «Eine Frau hat angerufen, du sollst unbedingt zurückrufen, du wüßtest schon. Namen hab ich nicht verstanden.» Grundgütiger Himmel! Ich lege einen Zettel hin zum Dank: «Ruf du sie doch an, dann kannst du gleich fragen, wie sie heißt.»

Ich notiere mir schöne Zitate, Kalendersprüche, Gedichtzeilen auf Zetteln, und wenn ich sie dann zitieren möchte – etwa in dieser Kolumne –, dann trau ich mich nicht, weil ich vergessen habe dazuzuschreiben, wer das wann und wo gesagt hat, und dann gibt es wieder Scherereien. «Man schreibt und schreibt, und schon ist das Leben vorbei» – schön. Ist das von mir? Von einem entnervten Dichter, einer Dichterin? Von einem Journalisten? Es steht einfach so in Gänsefüßchen auf einem meiner Zettel, die Gänsefüßchen deuten an: Von mir ist es nicht. Ein Zettel in der Brieftasche, mit tintenschwarzer Ironie: «Er stürzte sich in den Abgrund und ließ, um sich zu verewigen, einen Pantoffel am Abgrund zurück. Doch niemand hat den Pantoffel je gefunden.» Von wem ist das? Und warum um alles in der Welt habe ich mir das notiert, was wollte ich denn damit? Pantoffeln kaufen? Mich in einen Abgrund stürzen? Jemanden vom Selbstmord abhalten? Ach, und noch was – Tel. 25 26 72, ohne Vorwahl, wer ist das? Bitte melden!

6/*94*

Alarm! Alarm!

ALSO... gerade will ich einschlafen, da geht eine Alarmanlage los. Bei irgendeinem Auto in der Nachbarschaft. Und das
dauert. Und das pfeift. Und das hält an. Verdammt, warum passiert nichts? Ich denke nach, was geschehen sein könnte: Jemand
wollte das Auto knacken – gibt er jetzt auf und läuft weg bei dem
Lärm, oder tut er so, als sei er der Besitzer, sucht nach dem Ab-
stellschalter und knackt weiter? Hört der, der die Anlage eingebaut hat, daß das sein Auto ist, was da tutet? Springt er aus dem
Bett, zieht er sich an, läuft er auf die Straße? Hat er denn einen
Parkplatz direkt vor der Haustür gefunden? Oder schläft er see-
lenruhig in Köln-Süd, während sein in Köln-Ost geparktes Auto
Alarm signalisiert? Oder ist ein Freund mit dem Auto gefahren
und weiß nun nicht, wo man die Anlage abstellt? Das kann dau-
ern! Und es dauert auch, es dauert, wenn man Pech hat, bis die
Batterie leer ist. Vorher holt meist ein genervter Nachbar die Polizei. Was tut die dann? Stellt sie ab? Wie? Sucht sie den Knacker?
Nimmt sie ein Protokoll auf? Als mein Auto mal völlig ausge-
raubt wurde (ohne Alarmanlage), hatten die Jungens auf der
Wache nur ganz wenig Lust, ein Protokoll aufzunehmen. Auto-
radios? Werden doch jeden Tag geklaut, so was darf man heutzutage nicht mehr fest installieren.

Die Alarmanlage schrillt weiter. Ich überlege, was mit den
Alarmanlagen in Häusern ist. Ein Freund, der wertvolle Bilder
besitzt, hat eine Alarmanlage, die sich automatisch einschaltet,
wenn er das Haus verläßt. Sie registriert jede Bewegung in den
Räumen. Der Freund lebt allein, ist einsam, hätte gern einen
Hund: «Aber», sagt er, «wenn ich den dann mal allein zu Hause
lassen muß, geht bei jedem Schwanzwedeln ja der Alarm los.»
Der Hund, schlage ich vor, ist doch auch eine gute Alarmanlage.

Aber wir kennen die List von Einbrechern, die sich bei solchen Hunden mit einer guten Fleischwurst einzuschmeicheln wissen, und eine Bestie, die jeden Eindringling gleich in Koteletts zerlegt, will man ja auch nicht haben. Die Alarmanlage draußen auf der Straße geht jetzt über zu Tonfolgen in interessanten Zeitabständen und verschiedenen Höhen und Tiefen – «weg vom monotonen Geheul, hin zur melodischen Anlage!» wird es in der Werbung geheißen haben. Schön. Schön und nutzlos. Na, vielleicht nützt es ja doch was, vielleicht stehen schon ein paar Nachbarn hinter der Gardine und sagen: «Ja, da schau her.» Geht einer runter und sieht nach? Ich wette 100 : 1: nein. Wir gucken ja schon weg, wenn an der Straßenbahnhaltestelle jemand verprügelt wird – bloß nicht einmischen, bloß keinen Ärger kriegen, schon gar nicht wegen eines Autos.

Die Anlage in der Wohnung hat wohl auch nur Sinn, denke ich mir, wenn sie direkt bei der Polizei angeschlossen ist. Da sitzen die Freunde und Helfer, das rote Licht leuchtet hektisch, und sie sagen: «Ach, bei Doktor Dingsbums ist mal wieder die Alarmanlage losgegangen – ob es diesmal ernst ist, oder hat er sich bloß wieder ein Bier geholt, oder hat er eine neue Freundin, die mal wieder den Schalter nicht findet, was meinst du, Karlheinz, rücken wir aus?» So jedenfalls stelle ich mir das vor. Wenn die Alarmanlage nicht mit der Polizei verbunden ist, trötet sie eben die ganze Nacht weiter, und die Nachbarn schließen resigniert die Fenster und stopfen sich Wachs in die Ohren. Nach nebenan gehen? Nachsehen? In diesen Zeiten? Bewahre! Und ehe ich einschlafe, denke ich an die Herren, die neulich in Schweden ein Museum leerräumten, indem sie die Alarmanlage mit Haarspray außer Gefecht setzten. Schön, wenn schon in den Zeitungen steht, WIE man es machen muß!

7/94

Ich bin ein Anhäufer

ALSO . . . ich bin nicht eigentlich ein Sammler. Nicht wie die Leute, die siebenhundert Teekannen, dreitausend Heringschüsseln oder neun Millionen Pfeffer-und-Salz-Fäßchen in Regalen aufstellen, katalogisieren und regelmäßig abstauben. So nicht. Aber bei mir häuft sich immer soviel an – ich bin ein Anhäufer, ja, das ist das richtige Wort. Habe ich einen Teddy aus der Kindheit gerettet, einen zweiten mal dazugekauft, weil er so traurig zwischen lauter Dinos im Schaufenster saß, so kam dann noch ein gewonnener von der Kirmes dazu, ein geschenkter vom Liebsten (schwarz! mit blauen Augen! Nicht der Liebste, der Teddy) – kurz und gut: Es sind jetzt fünf, sie sitzen da und sehen blöde aus im Zimmer einer schwer arbeitenden, Kolumnen schreibenden Frau. Wohin soll ich sie Ihrer Meinung nach tun, unten in den Kleiderschrank? Da stehen schon die Schuhe. In den Keller, auf den Speicher? Sie sitzen da, und aus. Natürlich spiele ich nicht mehr mit ihnen, und natürlich ist Mutters pragmatische Frage völlig berechtigt: «Wofür brauchst du die?» Ja, wofür? Fürs Herz? Wofür brauche ich zahllose leere Parfümfläschchen auf dem sowieso zu knappen Regal im Bad? Soll ich die etwa wegschmeißen??? So schöne Fläschchen! An einigen hängen Erinnerungen, an Düfte, an Herren, an Sommernächte – kein Wort mehr: Die Fläschchen bleiben da. Alles, was mit Papier, Verpackung, Schreiben, Tinte, Bleistiften zu tun hat, übt auf mich seit jeher eine große Faszination aus. Kein schönes Pack- oder Einwickelpapier, kein Kördelchen oder Bändchen, keinen Geschenkkarton kann ich wegwerfen. Den Ring trage ich, das rote Samtkästchen, in dem er mir überreicht wurde, wird verwahrt. Wozu? Nur so, weil es schön ist. Ich sammle – nein, ich sammle nicht, ich horte Tintenfässer. Ich häufe sie an in meiner restlos überfüllten Schreibtisch-Schublade. Sie sind schön, sie haben hübsche Etiketten, elegante Deckel mit funktionierenden Schraubverschlüssen, so was wirft man doch nicht weg! Tante Hilde hat ihre Speisekammer vollgestopft mit Seife, Konserven, Kerzen, Klopapier: falls es mal wieder Krieg gibt. «Ich kenn doch den Russen», sagt sie, und ich sage: «Aber Tante Hilde ...», und es nützt nichts. Wenn «der Russe» also denn kommt: ich habe Teddys, Tintenfässer und Paketkordeln. Ich habe Schneekugeln mit Kölner Dom, Aschenputtel, Edelweiß und Mailänder Dom drin, ich habe hundertfünfzig schöne Zigarrenkisten, ich habe Puppenstubenhunde aus Porzellan und kleine Spieldosen, ich habe kistenweise Oblaten, Vielliebchen, Albumbilder – wie immer man das nennt, was sich kleine Mädchen früher in die Poesiealben klebten (ich habe natürlich auch noch Poesiealben), und nichts ist richtig ernsthaft gesammelt, nichts vollständig, nichts wertvoll oder sinnvoll – alles einfach NUR so: aus Liebe, aus Erinnerung, Plunder und Krimskrams, der mal was bedeutet hat. Nostalgischer Schnickschnack. Ich trage keine Pelze mehr (was immer mehr Frauen zu meinem Zorn jetzt wieder tun, als wäre alle Aufklärung darüber nicht gewesen!), aber ich verwahre meinen alten schwarzen Hasenfellmuff mit Satinband aus der Kindheit. Ich kann mich nicht trennen. Schreiben Sie mir jetzt bloß nicht, daß es Ihnen auch so geht – ich weiß es! Es geht den meisten Frauen so. Und die Männer sitzen derweil in der Küche und ordnen, katalogisieren und numerieren ihre Bierdeckelsammlung in Mappen.

8/94

Abschied auf dem Bahnsteig

ALSO ... wie machen Sie das denn, wenn Sie jemanden zum Bahnhof bringen? Die praktischste Version ist ja ehrlich gesagt die, am Bahnhof vorzufahren, mit laufendem Motor zu halten und den Abreisenden aussteigen zu lassen. Gut, man steigt auch rasch mit aus, hilft, die Tasche aus dem Kofferraum zu holen, und dann Küßchen, Küßchen, adieu, mach's gut, ruf an, wenn du da bist. Und weiter geht's, ein letztes Winken, der Gast verschwindet in der Bahnhofshalle, man selbst fährt weiter und mußte keinen Parkplatz suchen und sich nicht auf Gleis sieben frierend die Füße in den Bauch stehen. So lob ich's mir: die schnellen, praktischen Abschiede. Das geht aber nur mit dem Herzallerliebsten, der nichts übelnimmt. Fährt Mutter, müssen wir zunächst ins Parkhaus. Dann tragen wir ihr natürlich die Tasche oder das Köfferchen auf den Bahnsteig und kaufen ihr auch noch eine Illustrierte. So, da stehen wir nun, gute zwanzig Minuten zu früh übrigens, denn wenn der Zug um elf Uhr zehn fährt, sitzt Mutter schon um acht Uhr gestiefelt und gespornt am Frühstückstisch und fragt gerade zum drittenmal: «Wann müssen wir los?» Also werden auch wir langsam nervös, es könnte ja wirklich mal ein Stau sein, die Müllabfuhr, ein Fahrschüler, wir fahren lieber früher, und, wie gesagt, da stehen wir nun. Es ist kalt. «Du kannst ruhig gehen», sagt die Mutter, aber sie sagt es so, daß wir heraushören: «Geh du nur, laß nur deine arme alte Mutter ganz allein hier stehen, wer weiß, vielleicht war das ja mein letzter Besuch bei euch, aber geh du nur, du hast ja immer sowenig Zeit, dabei hast du das ganze Leben noch vor dir ...» Natürlich gehen wir nicht. Wir bleiben, warten, immer wieder auf die Uhr oder auf die Anzeigetafel sehend. «Muß gleich kommen.» – «Ja.» – «Scheint keine Verspätung zu haben.» – «Nein.» – «Gut, daß ich einen Platz reserviert habe.» – «Ja, gut.» – «Am Fenster.» – «Ja, schön.» Dann wird wieder geschwiegen. Was soll man denn noch sagen? Es wurde alles erzählt in den letzten Tagen. «Grüß Harry», sagt Mutter. Gerade hat sie noch mit Harry am Frühstückstisch gesessen. «Ja, mach ich.» – «Und zieh dich wärmer an», sagt sie, «das ist nichts, so dünne Strümpfe bei dem Wetter.» – «Ich frier nicht.» – «Das sagst du immer, und wie schnell hast du dann was.» Schweigen. Durchsage, der Zug käme gleich. Wir atmen auf, Mutter nimmt schon mal die Tasche, obwohl noch kein Zug in Sicht ist. «Nun kannst du ruhig gehen, er kommt ja.» – «Nein, nun bleib ich, bis du eingestiegen bist.» – «Wenn ich zu Hause bin, rufe ich gleich an.» – «Ja.» O Himmel hilf, wie sie sich ziehen, diese letzten blöden Warteminuten auf den Bahnsteigen! Sogar mit guten Freunden können sie zur Qual werden, denn verabschiedet hat man sich ja im Grunde schon voneinander, gesagt ist alles, also tritt man von einem Fuß auf den anderen und redet ein bißchen letzten Blödsinn. Oder guckt die Tauben an, die auf allen Bahnsteigen sind und fast immer verkrüppelte Füße haben. Das stimmt nicht gerade froh, und die Laune der Menschen, die reisen, ist auch gemeinhin schlecht – auf Bahnsteigen herrscht eine leicht gereizte Zwischenstimmung – nicht mehr da und noch nicht weg, nicht Fisch, nicht Fleisch, nicht die Zeit für enge Beziehungen. Nur die Liebenden hängen sich schweigend in den Armen, küssen verzweifelt letzte Küsse und schielen entsetzt auf die Anzeigetafel: nur zehn Minuten Verspätung! Wie furchtbar!

9/94

Der kreative Schub

ALSO... kennen Sie auch diese Anfälle gnadenloser Kreativität? (Nicht nur, wenn der neue BRIGITTE-Kreativ-Teil da ist, auch so, an einem ganz normalen Montag.) Man wacht auf und weiß: Heute werde ich die Bettwäsche färben! Indigoblau! Es muß sein, und es muß heute sein. Ich muß niemandem, der so was schon mal gemacht hat, erklären, was alles schiefgehen kann. Was eingekauft und vorbereitet werden muß. Welche Fehler passieren können und, weil sie passieren können, auch passieren müssen. Warum ist ein Bettbezug traumhaft schön und der andere fleckig? Warum gelingt hier etwas, was da schiefgeht? Für mich, mit den sogenannten zwei linken Händen geboren (und an jeder Hand fünf Daumen), immer ein absolutes Rätsel: Wie schaffen es diese tollen patenten Frauen, in Null Komma nix Patchworkdecken herzustellen, die Zimmerdecke auberginefarben zu streichen und die Stühle abzubeizen? Mich kostet das Jahre meines Lebens, den Verlust von Fingern und das Scheitern der Beziehung. Aber ich bin doch auch ein Mensch mit seinen Sehnsüchten! Ich hab doch auch meine kreativen Schübe, die mich dazu treiben, alles umzuräumen und aus alten Obstkisten entzückende Küchenregale zu basteln. Warum kann ich es nicht, trotz Anleitung? Ich weiß auch nicht, warum meine Fenster mal glasklar und mal streifig sind – ich hab das Gefühl, ich putze sie immer gleich, aber sie haben anscheinend Launen und danken es mir nicht. Heute koche ich Sauerkirschmarmelade! Wo ist das Rezept? Ich hatte mir doch ein Rezept ausgeschnitten, wo habe ich das denn bloß hingelegt? Na, egal, es kann ja wohl nicht so schwer sein, Sauerkirschmarmelade zu kochen, auf der Tüte mit dem Gelierzucker steht ja auch drauf, wie man es macht. Pah! Es ist das schwierigste überhaupt, Sauerkirschmarmelade zu kochen! (Nein, Haare-Fönen ist noch schwieriger. Haare-Fönen macht mich wahnsinnig. Es kann gar nicht gehen, kein Haar legt sich freiwillig da hin, wo es sein soll, wenn es nicht will.) Aber gleich nach Haare-Fönen kommt Sauerkirschmarmelade-Kochen. Es ist nicht zu bewältigen. Es wird zu dick oder zu dünn, geliert nicht, die Gläser platzen, die Küche muß renoviert werden, ich heule, ich verzweifle, ich frage mich, wozu ich so lange studiert habe, wenn ich selbst zum Marmeladekochen zu doof bin. Aber vielleicht darf man so nicht an die Dinge rangehen. Vielleicht ist das ein geheimer Zauber, eine spezielle Begabung, ich kann Kolumnen schreiben, andere können Marmelade kochen, andere Klavier spielen. Aber die Sehnsucht treibt uns über die uns vom Talent zugewiesenen engen Grenzen. Ich will auch schöne Lederarbeiten machen! Warum soll ich denn kein Briefmäppchen aus Leder nähen können? Ich weiß nicht, warum. Aber ich kann es nicht. Und der ganze Kreativ-Teil, der mir versichert: Jeder kann aus Radiergummis lustige Stempel schnitzen, lügt. ICH kann eben nicht. Und ich will es jetzt endgültig aufgeben, darüber zu verzweifeln. Es ist eben auf der Welt so eingerichtet, daß dem einen grüne Lodenmäntel stehen und dem anderen nicht. Und daß die eine Hefekuchen backen kann und die andere nicht. Es gibt einen Zeitpunkt im Leben, an dem man sich damit abfinden muß, nie mehr den dreifachen Rittberger springen zu lernen. Das ist ja auch noch einzusehen: das Alter, die lahmen Knochen ... Aber es ist so schwer, sich endgültig einzugestehen: Ich werde niemals ein einziges Glas brauchbarer Kirschmarmelade zustande bringen. Ich werde sie immer kaufen müssen. Das tut weh!

10/94

Alles Expreß

ALSO ... sehr praktisch ist am Bahnhof der Expreßschalter: einfach eine Fahrkarte kaufen, zahlen, fertig, zack, ab auf den Bahnsteig. Denkste. Vor mir steht ein Rentner: Wenn er nun mit seiner Frau über Oberhausen nach Peking fährt, kann er dann in der Mongolei noch mal aussteigen? Und was kostet es, wenn der Dackel mitfährt? Braucht der Dackel für Peking eine besondere Impfung? Wenn ja, könnte man ihn auch bei der Schwiegertochter in Oberhausen lassen, aber die ist berufstätig und ... Ich kaufe mir erst mal eine Zeitung und versuche es dann noch mal. Nun steht da ein australischer Rucksackstudent, der mit der Dame von der Bahn in verzweifeltem Englisch radebrecht über seine vielen internationalen Super-Spar-Sonntag-Nacht-Tickets and how to go to Idar-Oberstein. An den anderen Schaltern sind sowieso meterlange Schlangen, es sind eh nur vier von elf Schaltern besetzt, also bleibe ich geduldig am Expreßschalter stehen und lerne das Leben des Australiers mit all seinen Höhen und Tiefen sowie die Sonderangebote der Bahn kennen, bis ich sagen darf: Frankfurt hin und zurück.

Ähnliches läßt sich von der Expreßkasse in der Lebensmittelabteilung des Kaufhauses erzählen. Sie kennen das – alle Kassen mit langen Schlangen (alle? – auch hier zwei von sechs besetzt). Aber da gibt es die Schnellkasse mit dem Schild, das mahnt: Expreß – nur fünf Artikel! Wie viele Artikel sind 26 Joghurts (alle verschiedene Preise), sieben Kästen Bier, fünfzehn unterschiedliche Katzendosen, drei Tüten Kräcker, einmal Damenbinden, eine Tüte Kartoffeln, vier Kiwis, ein Bund Bananen, leider zu wiegen vergessen, Moment mal eben! Und eingeschweißte Fleischwaren? Mehr als fünf? Mehr als hundert? Schickt die Kassiererin, die schon bei den Joghurts angefangen hat, die Kundin zurück und sagt: «Hier ist die Schnellkasse, Sie müssen sich da hinten anstellen»? Geht gar nicht, ist schon eingetippt, und die Kundin ist eh für die nächste Viertelstunde verschwunden, Bananen wiegen. Expreß, Expreß, Expreß – irgendwer denkt sich immer aus, wie alles schnellergehen könnte, geht es aber nicht. Weil kein Mensch auf diese Hinweisschilder schaut. Das würde irgendeine Art Mitverantwortung für reibungslosen Ablauf, eine Art Großzügigkeit im Alltag voraussetzen – die scheint uns abzugehen. Wir Deutschen sind ja auch weltweit berühmt für unsere Art, uns in Busse und Bahnen zu drängeln. Das Schlangestehen ist unsere Sache nicht. Auf der Autobahn überholen ja auch die ganz Flotten schon mal gern rechts auf der Standspur, ätsch, nun haben sie es uns aber gezeigt mit unseren popeligen 140 km/h! Neulich kam auf einer zweispurigen Straße mitten in der Stadt so ein Würstchen nicht schnell genug links vorbei – an der nächsten Ampel stand er neben mir, riß die Tür auf und schrie: «Ich schlag dich platt, du Nutte!» Na prima. Expreßgefühle. Schneller, schneller, am schnellsten, Mord sofort, Farbfotos in einer Stunde, Anzugreinigung drei Stunden, Schuhe besohlen zehn Minuten. Die Blitztrauung, der Drive-in-Bankschalter, der Instantkaffee, die Fünf-Minuten-Terrine, der Sekundenkleber. Alles rasch und hurtig. Nur an den Expreßschaltern und Schnellkassen will es nicht klappen, wo wir es doch sonst immer so eilig haben. Sie sind die letzten Oasen grenzenlos gemütlicher Plaudereien. Na, ist ja gut, wenn man's einmal weiß.

11/94

Wir mündigen Bürger

ALSO... natürlich ist es wichtig zu wissen, was unsere Soldaten in Somalia gemacht haben. Und wir werden auch verfolgen, wie Hans Koschnik die Stadt Mostar wieder aufbauen hilft. Man muß sich auch dafür interessieren, warum die FDP überall so schlecht dasteht, denn irgendwer fragt Sie bestimmt mal: «Brauchen wir eigentlich die FDP noch?», und dann stehen Sie mit äh ... ich weiß jetzt auch nicht recht ... ganz schön blöd da. Man ist doch mündiger Bürger! Man weiß recht schnell, für oder gegen welche Partei man ist, welche Politiker man sympathisch oder unsympathisch findet und warum – aber das ist nur die leichteste Übung. Wie ist es denn mit Maastricht? Wichtiges Thema! Europa! Der Binnenmarkt! Na, keine Meinung? Wie, keine Ahnung? Steht doch jeden Tag in der Zeitung! Ja, aber ... Wenn 300000 gesunde Schweine wegen der grassierenden Schweinepest getötet werden sollen, wissen wir, was das ist: eine Schweinerei. Aber das sagt uns mehr so ein Gefühl ... über die Bestimmungen und das, was Schweinepest genau ist und wie sie sich ausbreitet, wissen wir ehrlich gesagt nicht so recht Bescheid. Aber die Schweine tun uns leid, mit Recht. (Wenn wir unser Schinkenbrötchen essen, haben wir dieses Mitleid jedoch schon wieder beiseite gelegt.)

Hongkong kommt zurück nach China! Wann noch mal? 1999? Und wie soll denn das gehen, China ist kommunistisch und Hongkong die Verkörperung des Kapitalismus. Wie werden die das machen? Man müßte sich über so einen interessanten Fall (der ja auch ein bißchen mit unseren deutschen Ost-West-Markt-Problemen zu tun hat, oder nicht?) mehr informieren. Aber ach! Was soll man nicht noch alles wissen! Hand aufs Herz, verstehen Sie ganz genau den Nahostkonflikt und warum es immer wieder im

Nahen Osten kracht? Was wollen die Syrer, die Israelis, die Palästinenser, die Ägypter, und wo genau ist der Zankpunkt? «Den Arafat», sagt Mutter, «den finde ich sympathisch, der lächelt immer.» Empört widersprechen wir und erzählen von Terror-Akten – aber so ganz sicher sind wir uns nicht, und irgendwie finden wir den Arafat auch sympathisch. Großer Gott, da lesen wir drei, vier verschiedene Magazine, da erklärt uns jeden Abend das Fernsehen, was genau wo in der Welt los ist und warum, und wir tappen unsicher auf dem Feld der Geschichte und fragen uns heimlich, warum genau sich die ehemaligen Jugoslawen so grausam gegenseitig totschlagen. Und was wir dagegen tun könnten. Und fühlen uns feige. Und spenden mal hier und mal da und unterschreiben Aufrufe. Und sammeln Hilfsgüter. Oder was auch immer – aber wir sind nie so ganz sicher, wir haben viele Fragen im Kopf, die wir gern stellen würden – aber wem? Ein Kollege hat mir mal geduldig den Nahostkonflikt erklärt. In einer Schweizer Wochenzeitung war kürzlich sehr klar und verständlich auf einer ganzen Seite die Geschichte der Kurden und ihrer Verfolgung und Aufstände erzählt. So etwas hilft, sich zurechtzufinden. Aber das sind Ausnahmen. Meist kriegen wir nur die Kurzmeldungen und müssen uns unser Weltbild selbst zusammenzimmern. Und müssen, anders geht es nicht, auswählen – was uns interessiert und was nicht, was hinten einfach runterfällt. Und haben dabei immer ein etwas schlechtes Gewissen und kommen uns blöd vor, wenn wir statt dessen aufmerksam die Modeseiten lesen. Ach, ist Leben kompliziert!

12/94

Was ist Luxus?

ALSO... was ist eigentlich Luxus? Eine Schweizer Zeitung machte kürzlich zu diesem Thema quer durch die Bevölkerung eine Umfrage, und ich dachte immer: Die ganze Schweiz ist Luxus. Ein Luxusland mitten in Europa, voller Banken, Reichtum, Schönheit, teurer Uhren. Ist nicht die Zürcher Bahnhofstraße die teuerste der Welt oder Europas? Jedenfalls verspürt man dort mehr als nur einen Hauch von Luxus. Und ich habe auf der Bahnhofstraße auch noch nie einen Penner gesehen – leistet sich die Stadt den Luxus, die andere Seite der Gesellschaft dort nicht zu zeigen? Ja, was ist Luxus? Was die anderen haben und man selbst gern hätte: dicke Autos, schnelle Boote, schöne Männer / Frauen. Luxus ist Überfluß: Ich kann ein Marmeladenbrot essen, um satt zu werden, es darf aber auch Parmaschinken sein – Luxus. Champagner statt Brause. Echte Brillanten statt Bergkristall. Luxus ist, mehr zu haben, als man braucht: noch ein Auto, noch ein tragbares Telefon, noch eine goldene Uhr, einfach so. Zeit ist Luxus. (Das halte ich immer für Koketterie. Wer sie haben will, der hat auch Zeit. Aber nicht jeder, der eine goldene Uhr haben will, kann auch eine kaufen.) Gesundheit ist Luxus. Klares sauberes Wasser ist (weltweit nicht mehr zu habender) Luxus. Bei jedem Obdachlosen, den ich in eine Ecke gekauert unter Zeitungen liegen sehe, weiß ich, welcher Luxus das eigene Bett ist. Arbeit zu haben ist Luxus. Aber das alles wissen wir ja, und das hört sich so protestantisch-preußisch-moralisch an: Wir wollen nur schön zufrieden sein, daß es uns so gutgeht ... Schon in der Schule lasen wir Kinder eine unsägliche Erzählung, in der eine junge Pfarrersfrau ihren Mann damit nervt, er möge ihr doch erlauben, sich etwas Taft für einen schönen Kragen aufs alte Sonntagskleid zu kaufen. Er will von solcher Putzsucht nichts hören, aber sie geht ihm so mit ihren Klagen und Bitten auf den Geist, daß er – darob ganz und gar verwirrt – am Sonntag von der Kanzel betet: «Herr, gib uns Taft zum Kragen» anstatt «Herr, gib uns Kraft zum Tragen» – na, Sie können sich ja vorstellen, was daraufhin bei Pfarrers los war, und wir Kinder mußten wahrhaftig einen «Gesinnungsaufsatz» schreiben zum Thema «Die schädlichen Folgen des Überflusses». Das war in den 50ern, von Überfluß war keine Rede, eine warme Wohnung und ein Vater, heil aus dem Krieg zurück, das war der Luxus.

ALSO: kein moralisches Getue! Ein bißchen Luxus ist schon mal ganz schön, ein bißchen Parfüm, ein Kaschmirpullover, sich etwas Besonderes leisten – das, finde ich, gehört zum Luxusgefühl dazu. Die Leute, die eh alles haben und alles kaufen können, wissen nicht mehr, wie schön ein Hauch Luxus sein kann. «Wer jeden Tag Pasteten frißt, der weiß ja nicht, wann Sonntag ist!» Noch so ein Relikt aus der Kindheit...

Luxus ist das Glas Wein mitten in aller Hektik, Luxus ist, genießen zu können. Luxus ist etwas ganz Individuelles, Luxus ist relativ – für den einen dies, für den anderen das. Es ist nichts, worüber man die Nase rümpfen müßte. «Ex oriente lux, ex occidente luxus» – aus dem Osten das Licht (der Weisheit?), aus dem Westen der Überfluß (der Verschwendung?). Letztlich – daß wir hier so gemütlich sitzen und unsere BRIGITTE lesen: schöner Luxus.

13/94

Wissen, was man will...

ALSO... wir gehen mit Otto und Anna ins Restaurant. Der Ober schlägt uns einen Tisch vor, den Anna aber unmöglich findet, zu dunkel, nein, den da, den am Fenster, wollen wir. Auch gut. Wir sitzen gerade, haben die Taschen und Jacken verstaut, da sagt Anna: «Aber hier zieht es, findet ihr nicht?» Wir sind uns nicht sicher, aber vorsichtshalber wechseln wir in die Mitte des Raumes. Nein, das geht nun gar nicht, da ist direkt die Rennstrecke der Kellner, noch mal aufstehen, Umzug in eine Ecke, so, nun ist es aber gut, wir können die Speisekarten lesen. Wenn ich etwas hasse, dann ist das die Frage: «Was nimmst du denn?» Als ob von meinem Rosenkohl abhängt, was die anderen essen! Aber erst, wenn sie weiß, was wir alles bestellen werden, kann sich auch Anna entscheiden. Sie wird das kleine Steak auf Toast mit Feldsalat nehmen. Welches Dressing hat der Salat? Der Ober erklärt es. O nein, das kann Anna nicht essen, mit Maisöl und ein bißchen Himbeeressig bitte, ist das wohl möglich? Otto fragt nach den Kartoffeln. Sind sie mehlig? Eher festkochend? Doch nicht etwa aus dem Glas oder Eimer? Ach nein, er nimmt doch lieber Reis statt Kartoffeln als Beilage. Wir entscheiden uns für einen Wein, bestellen auch noch Mineralwasser. Was ist das für ein Wasser, will Anna wissen, «nicht zuviel Kohlensäure, bitte! Ach, und nehmen Sie doch bitte das Gesteck mit den Trockenblumen mit, dagegen habe ich eine Allergie.»

Als der Ober gerade alles aufgeschrieben hat und geht, ruft Anna: «Nein, lieber doch keinen Feldsalat, nur ein paar Tomaten, dünn geschnitten, mit Essig und Öl. Aber ohne Zwiebeln!» Und Otto hätte eigentlich lieber ein Bier statt Wein, aber vom Faß, welches Bier haben Sie vom Faß? Oder nein, ein Weizenbier, aber er möchte es selbst eingießen, bitte, damit die Sache mit der Hefe richtig gemacht wird. Ich beginne den noch immer geduldigen Ober für einen Heiligen zu halten und tausche mit Anna den Platz, weil die Dame am Nachbartisch nach irgend etwas duftet, in dessen Nähe Anna keinen Bissen herunterbekommen wird. Das Essen kommt, und der Ober muß leider dreimal mit dem Steak zurück in die Küche. Er muß die Sauce abkratzen, er muß noch einmal nachbraten, es ist zu roh, und es ist auch viel zu groß, schneiden Sie es bitte durch, ja? Otto findet den Reis langweilig und bestellt nun doch eine Portion Bratkartoffeln extra – braten Sie sie als Pellkartoffeln oder als Salzkartoffeln? Für den Wein hätten wir gern noch einen Kübel mit Eis, ach, und bitte noch ein wenig Brot, ja? Nach dem Essen nehmen wir Espresso, Otto auch, aber einen Kurzen, wissen Sie, besonders stark und nur wenig Wasser, aber ganz heiß, bitte. Anna möchte einen Tee mit Zitrone, nein, mit Milch, nein, lieber doch mit Zitrone, aber kein solcher Extrakt im Tütchen, und Süßstoff, bitte bringen Sie doch Süßstoff, aber Honig wäre noch besser, haben Sie vielleicht ein wenig Honig zum Süßen? fragt sie den Ober. Otto würde braunen Zucker für den Espresso vorziehen, aber nur, wenn es braunen Zucker gibt, sonst machen Sie sich bitte nicht extra die Mühe.

Wir sind mit den Nerven am Ende, der Ober ist reif für die Insel, dafür kriegt er aber von Anna auch drei Mark zwanzig Trinkgeld. Wie schön, wenn Menschen immer genau wissen, was sie wollen.

14/94

Lesen! Lesen!

ALSO... ich sitze und blättere den Katalog eines Ta-
schenbuchverlages durch. Für den einen Monat! Irgendwas dabei,
das ich dringend kennen, kaufen, lesen sollte? Die Julia-Roberts-
Biographie. Du liebe Güte, die ist doch nicht mal dreißig, oder?
Und schon eine Biographie, sie hat schon genug zusammen für
ein ganzes Buch über ihr Leben? Donnerwetter! Oder soll ich
lieber das Buch lesen, das mir endlich umfassend den Nahostkonflikt erklärt? Ach, sieh da, eine Kulturgeschichte des Tan-
zes – Frauen, Körper, Tanz, Sinnlichkeit, Erotik –, das wär was.
Körpergefühl als Maßstab für Emanzipation! Das brauch ich.
Oder? Weiterblättern: Oh, nun kommen die Seiten, auf denen
wir nach innen gucken. Ist da jemand? Ja! Da sind viele! Das hun-
dertfache Selbst und seine Entdeckung durch die Voice-Dialogue-
Methode, wir lernen, auf unsere inneren Stimmen zu hören und
Kontakt mit unseren unterbewußten Unterpersönlichkeiten aufzunehmen, holla, das ist doch was! Mein mörderisches Ich im
trauten Zwiegespräch mit der fleißigen Kolumnistin ... Was dabei rauskommt, dürfte ich hier ja doch niemals schreiben! Nein,
werden wir lieber friedlich, lesen wir die Visionen des Dalai
Lama, Friedensnobelpreisträger, aktive Gewaltfreiheit als Mittel
in Politik und persönlichem Leben. Kriegen wir aber nicht mehr
hin. Und warum nicht? Das erfahren wir – ich blättere immer
noch, das müssen Sie mir glauben, in ein und demselben Pro-
spekt, ganz brav, Seite für Seite, hier ist nichts verfälscht und raffiniert verknüpft, alles wahr! –, erfahren wir also in der Accademia
occulta, die uns Aufschluß gibt über die reiche geistige Tradition
mit dem Feinstofflichen (?). Hm. Jetzt habe ich die Wahl zwischen
Gesprächen mit Psychologen über den inneren Kosmos, Pro-
blemlösungen auch für mich!, einem Selbsthilfeprogramm für

Menschen mit Zwangsvorstellungen und einer Meditationshilfe, die mir Wege nach innen zeigt: Zen, Tantra, Kundalini (ist das was Unanständiges?), die Wege Krishnamurtis, Gurdieffs und noch andere. Und wenn ich die dann gefunden habe, die Wege, dann kann ich mir das nächste Buch sicher sparen: Menschenkenntnis im Beruf. Obwohl ... das wär doch vielleicht gerade wichtig, rechtzeitig zu sehen, wer mich wie übers Ohr hauen will – ah! schon da, hier, der Band über Körpersprache der Bosse, wie setzt Lee Iacocca sein berühmtes Lächeln ein, wieso ist Jil Sander so makellos, wie inszenieren Manager ihre Auftritte? Das muß man wissen, und um das auch alles intellektuell zu verstehen, machen wir jetzt erst mal die Einstein-Diät: richtige Ernährung zur Steigerung der geistigen Leistung, wir pushen unser Gehirnpotential hoch nur durch richtige Ernährung und strecken dann den Bossen die Zunge raus wie Einstein. Oder wir lesen, ganz entspannt im Hier und Jetzt, das Zen-Kochbuch für Vegetarier, Yin und Yang, mehr muß ich dazu wohl nicht sagen, und danach gehen wir mit dem Liebsten in die Kuschelecke und probieren (natürlich nach Lehrbuch) die Aromatherapie für Love – himmlische Düfte, gezielt eingesetzt, verleiten unsere Sexualdrüsen zu vermehrter Hormonausschüttung. Ich klappe das Heft zu (dabei kommen die tausend Versicherungstips sowie meine Rechte ohne Trauschein erst noch) und atme tief durch. Wo ist das Buch, das mir hilft, aus Büchern auszuwählen, was ich brauche und was nicht? Wer findet sich noch zurecht in diesem Wust von Angeboten? Jeder, der sich still hinsetzt, auf seine innere Stimme hört und nicht alles glaubt, was man ihm als wichtig einredet.

15/94

Müllprobleme

ALSO ... die Müllentsorgung hält eine Hausfrau schon auf Trab. Da haben wir einen Behälter für Aluminium («Ich war eine Dose») und einen für organischen Müll. Wir sammeln Altpapier und Glas, und natürlich sortieren wir das Glas brav so in die Container, wie es draufsteht: braun – grün – weiß. Und Deckel, Korken, Verschlüsse entfernen wir vorher. Wir bringen dem Apotheker zu bestimmten Zeiten unsere alte Medizin und liefern Batterien und Farbreste da ab, wo man neuerdings so was abliefert, und in der Zeitung lesen wir, daß das alles nicht funktioniert, daß alles auf derselben Kippe landet, im Meer versenkt wird, nach China gebracht zum Recyclen – und heimlich schmeißen wir schon mal eine alte Batterie mit in den Hausmüll und nehmen es da, wo der Staat hudelt, auch nicht so ganz genau. Noch nehmen die Müllmänner unsern Abfall einmal pro Woche mit, ohne die Tonne zu durchwühlen und danebenzuschmeißen, was ihnen nicht paßt. Aber das kommt bestimmt auch noch: die Müllkontrolle. In Japan gibt es schon so eine Idee: Der Müll wird dort in undurchsichtigen schwarzen (bei der Strumpfhose heißt das: blickdicht), in blickdichten Plastiktüten also, vors Haus gestellt. Schluß damit, sagt die Stadtverwaltung von Tokio, in Zukunft müssen Müllbeutel durchsichtig sein, man will sehen, wer da sündigt und unerlaubtes Abfallgut in den Hausmüll mogelt. Die Japaner stehen kopf vor Entrüstung. Das ist ein Eingriff in die Privatsphäre! Es darf doch schließlich nicht jeder sehen, was wir an Diätmargarinekartons, Liebesbriefen, Tablettenröhrchen wegwerfen! Da könnte ja dann jeder kommen und wühlen und seine Schlüsse ziehen! Auf die Barrikaden gehen vor allem Prominente, die sowieso immer Angst davor haben, daß Socken aus ihrem Hausmüll zu Wahnsinnspreisen bei Christie's landen oder so ...

Denn, zusätzliche Schande, auf den Müllsäcken muß in Zukunft auch der Name des Besitzers stehen, damit Sünder noch leichter ermittelt werden können. Empörung! Die Stadtverwaltung von Tokio will sich das mit dem Namen vorerst noch mal überlegen, aber durchsichtige Müllsäcke – das muß sein. Jetzt, hört man, tun die Bürger ihren Abfall in den schon erwähnten und bewährten blickdichten schwarzen Sack, und den dann in einen durchsichtigen ... So ist dem Gesetz und der Privatsphäre Genüge getan, und schlau und witzig ist es auch.

Der Einzelmensch von Tokio bis Winsen an der Luhe hat inzwischen sehr wohl begriffen, daß Müllmassen und ihre Beseitigung ein Problem sind. Wir alle sortieren, lassen Verpackungen im Laden, helfen mit im großen Recycling-Kreislauf, und nur die ganz Fiesen werfen ihre Pornoheftchen noch in die Mülltonne. Wir sind liebe, mündige, lernwillige und lernfähige Bürger. Nur unser Staat macht uns zu schaffen! Der bringt es einfach nicht fertig, die Flüsse von Industrieabwässern reinzuhalten, und nicht nur unser Staat, alle anderen auch: da wird Giftmüll ins Meer gekippt, Säurefässer gleich hinterher, ich glaube, man nennt es nett «verklappen», marode Öltanker lassen ihre Fracht auslaufen, Gifttüten werden an den Küsten angeschwemmt, die Flüsse werden durch Wasser aus Kühltürmen tödlich aufgeheizt, Minister fliegen kürzeste Strecken, statt sich in den Zug zu setzen, wir wundern uns über selbstgebastelte Umweltkatastrophen wie Überschwemmungen oder Ozonloch, aber Hauptsache, ich werfe nicht mal heimlich eine braune Flasche in den Container für Weiß: Das ganze Staatsgefüge würde jäh zusammenbrechen. Ich komm mir irgendwie veräppelt vor, Sie auch?

16/94

Mobiltelefon

ALSO ... sagt die Freundin nach dem gemütlichen Essen bei uns, jetzt müßte mein Liebster schon zu Hause sein, ich ruf ihn mal an, daß er auch noch rüberkommt. Wir wohnen nicht weit auseinander, der Liebste, relativ neu noch im Leben der Freundin und erst einmal bei uns gewesen, verspricht, gleich aufzubrechen. Wir wohnen versteckt. «Wird er uns auch wiederfinden?» frage ich besorgt. Oh, sagt sie, er hat ja immer sein Telefon dabei. Und da klingelt es auch schon. Ob er an der Ecke bei dem Italiener nun links oder rechts abbiegen müsse? Links, sagen wir, und Minuten später ist er da. Mit Mobiltelefon. Das wurde, denke ich, ja wohl für solche Fälle erfunden: einsamer Mensch, völlig verloren im Brausen der Großstadt; hochschwangere Mutter mit verrottetem Kleinwagen in menschenleerer Wüste, verzweifelte Hausfrau auf deutschem Gemüsemarkt, Mutter anrufen, wie man Mangold kocht. Wir stehen nicht mehr vor Telefonzellen, nein, wir haben unser Klapptelefon dabei, und es macht uns wichtig, wenn es im Lokal klingelt. War es schon früher immer eine tolle Nummer, wenn der Ober das tragbare Telefon auf dem Tablett an den Tisch brachte – «Anruf für Sie, Frau Direktor!» –, dann ziehen wir jetzt selbst einen Apparat aus der Handtasche, wenn es klingelt, zupfen an der Mini-Antenne und flüstern ungeduldig: «Ja, was ist denn? Zwanzigtausend? Nein, sag achtzehn, und dabei bleibt's.» Bezaubernder Blick in die Runde: «Entschuldigt bitte.» Man ist unabkömmlich, immer im Geschäft, man hat es gerade wieder eindrucksvoll bewiesen. Durch die Fußgängerzonen gehen Herren mit Telefon am Ohr. Vielleicht fragen sie ja nur gerade ihre Mutter, wann sie die Bügelwäsche abholen können, aber Eindruck macht es allemal. Einen idiotischen Eindruck. Nichts ist lächerlicher als der Anblick eines Mannes, der eine Straße entlanggeht und dabei leise mit jemandem redet, via Mini-Telefon. Das mußte wirklich JETZT sein, vor aller Augen? Vor aller Ohren? Mitten im Theater, in der Oper, im Restaurant, im Kino muß man angerufen werden oder anrufen? Du liebe Güte, haben wir es aber weit gebracht mit der Kommunikation! Wir liegen am Strand und schreiben nicht mehr bunte Postkarten, «Hallo Elli, es geht mir gut», sondern wir rufen an: «Elli, ich bin's, hör mal, ändere doch mal den Dauerauftrag mit den Nebenkosten ...» Na so was. Rund zehn Millionen Leute sollen in unserm Land bis zum Jahr 2000 das Mobiltelefon in der Tasche haben, rechnet das Postministerium hoch. Es ist teuer in der Anschaffung, es ist teuer in den Gebühren, aber wenn wir ja was haben, dann Geld. Ich frage mich nur, was das Hauptmotiv der tragbaren Telefone bzw. ihrer Besitzer ist – will man jederzeit erreichbar sein? Will man jederzeit telefonieren können? Warum? Wo – außer für gestreßte Börsen- und Immobilienmenschen – ist der Sinn? Kann der Liebste der Freundin nicht mehr den Mund aufmachen und fragen «Entschuldigung, wo ist die Soundsostraße»? Nein, kann er nicht. Selbst ist der Mann, er telefoniert lieber mal eben, als wildfremde Menschen anzusprechen. Während ich also mein Telefon immer mehr reduziere, den Ton wegdrehe, es tagelang nicht abnehme, weil es kaum etwas Störenderes gibt als ein ewig schrillendes Telefon (außer, man ist verliebt!), währenddessen nimmt rings um mich die Krankheit des Telefonierens zu und zu – allein am Samstagmorgen in der Fußgängerzone, umgeben von ein paar hundert Leuten, und dann ein schönes intimes Telefonat, während man das Schaufenster mit der neuen Sommermode anguckt. Und danach in die Jackentasche damit, bis ein Klingeln erneut verkündet: Hier ist ein Mensch, der will zu dir! Es ist einfach zu bekloppt.

17/94

Sehnsucht nach dem Einfachen

ALSO ... es gibt eine Fernsehwerbung für die Insel Zypern, die ist so schön, daß ich am liebsten sofort hinfahren würde – ich, die so ungern reist: da stehen ein einfacher Holztisch am Meeresrand, eine Flasche Rotwein und ein Glas darauf, ein ebenso einfacher Holzstuhl davor. Mehr nicht. Und es sind nicht nur der blaue Himmel, nicht nur das leise und verführerisch plätschernde Meer, die mich so locken. Es ist dieser gerade Tisch aus warmem Holz mit dieser einfachen Flasche und dem kleinen dikken Glas. Schlichtheit. Unübertreffliche Eleganz, nichts zuviel, nichts bunt, nichts überladen. Und nun betreten wir ein hiesiges Restaurant. Über dem Tisch eine Schondecke. Darauf die Tischdecke. Darüber, quer, in der Mitte ein kariertes Deckchen mit Fransen. Ein Gesteck Trockenblumen oder eine Nelke im kleinen Väschen. Ein schmiedeeiserner Aschenbecher oder einer aus Porzellan, mit Reklameschriftzug für Weinbrand. Die reichverzierte Speisekarte in einem Ständer. Die Servietten zu Faltenröcken drapiert, was nicht nur unbeschreiblich häßlich, sondern ebenso unhygienisch ist, weil sich ja daran der Lehrling mit klammen Fingern stundenlang geübt hat. Raffgardinen an den Fenstern, obwohl man einen Blick auf den Rhein hätte. Künstliches Licht aus geflochtenen Strohlampen, obwohl draußen die Mittagssonne scheint, aber sie dringt nicht durch die Stores. Wir essen von unzähligen Tellern: Schonteller unten, Teller unter dem Glas, eine Extrascheibe Brot auf einem Extrateller, auch die Rechnung wird auf einem Tellerchen liegen, und so füllen wir allein bestimmt eine ganze Spülmaschine. Ich träume davon, die Sitzkissen von den Bänken zu schmeißen, die Tischdecken runterzureißen, alles vom Tisch zu entfernen, was nicht unbedingt nötig ist und immer nur hin und her geschoben wird, weil es stört. Ich möchte die Lampen ausknipsen, die Gardinen aus dem Fenster werfen und das Fenster gleich offenlassen, damit der Bratendunst abzieht. Dafür könnten wir dann den Ventilator ausschalten. Warum sind die Pfeffermühlen, um die man bittet, immer affige dreißig Meter lang? Warum muß man aus Römern mit bunten Glasfüßen trinken? Warum haben alle Teller Muster? Warum ist alles so viel, so bunt, so doppelt und dreifach und gemustert und mit Fransen und überkandidelt?

Ich schließe die Augen und denke an diesen Holztisch mit einer Flasche Rotwein, Landwein, kein Etikett – und einem Wasserglas. Ja, das ist die Erholung. Die Werbung ist grandios, sie erwischt uns am wunden Punkt – am Überdruß vor dem vielen Gedöns, vor dem Unsinnigen, dem lächerlichen Überfluß, vor dem Getue, der falschverstandenen feinen Art, der Übertreibung. Auf den Jacken immer noch eine Goldtresse, auf der Handtasche noch ein Schriftzug, noch Zittergras zu den Blumen und ein Deckchen unter das Täßchen, noch ein Rüschchen und ein Schleifchen und über die Raffgardine noch einen geblümten Vorhang mit Volant. Hilfe! Der Erfolg gewisser Modemacher liegt in ihrer schnörkellosen Einfachheit, und unsere Sehnsucht geht ins Klare, ins Schlichte, weg von geflochtenen Zierknoblauchzöpfen und dem schrägen Teppich an der Wand des türkischen Lokals. Wir brauchen, um aufzutanken, nur ein bißchen Ruhe, auch für die Augen. Der Tisch muß gar nicht mal am Meeresstrand in Zypern stehen. Aber er sollte sich nicht biegen unter überflüssigem Krempel, er sollte das sein, was er ist, und darauf soll stehen, was wir gerade brauchen: eine Flasche Wein, ein einfaches Glas. Diese Werbung hat mir gezeigt, was uns so fehlt, weil wir von allem zuviel haben.

18/94

Klassische Sätze

ALSO ... es gibt so wundervolle klassische Sätze, die jeder kennt. Ja, «hast du zur Nacht gebetet, Desdemona?» oder «Heinrich! Mir graut's vor dir!» gehören auch dazu, aber die meine ich jetzt gar nicht. Ich denke eher an das beliebte: «Das trägt man aber in dieser Saison.» Ach ja? MAN trägt? Und darum muß auch ich Hosen mit Schlag anziehen, oder wie? Und darum ist Bordeauxrot mal wieder nirgends zu finden, weil eben in dieser Saison Erdfarben angesagt sind, dafür können wir uns dann im nächsten Herbst vermutlich wieder vor lauter Bordeaux nicht retten. Man trägt das. Klassischer Satz. ‹Auch gut› kommt immer, wenn man eine Bluse ausprobiert, noch unschlüssig ist, und die Verkäuferin bekräftigt: «Die ist sehr schön, die trag ich selbst.» Na dann! Guter klassischer Satz bei besonders scheußlichen Klamotten ist auch: «Nun ja, wer's tragen kann!» Oder, noch schöner: «Das kann nicht jeder tragen, aber Ihnen steht es gut.» In Klardeutsch übersetzt bedeutet das: Dieses Modell ist grauenhaft, steht keinem, aber bei Ihnen ist sowieso schon alles egal, also warum nicht auch dieses. Wer kennt und liebt nicht Loriots wunderbare Szene beim Herrenausstatter, als Mutti für Vati einen Anzug kauft. Der klassische Satz: «Wenn Sie hier mal reinschlüpfen möchten ...», und dann, als nichts, nichts, nichts paßt, die tröstende Beruhigung: «Das trägt sich noch ein.» Ja, immer trägt sich alles noch ein. Sind die Schuhe zu eng, sagt der Verkäufer: «Das ist ja ein Leder, das sich immer noch weitet.» Sind sie zu weit, frohlockt er: «Mit einer Einlegesohle können wir das sofort beheben.» Zu große Kleider laufen ja sowieso noch ein, zu enge werden im Tragen immer noch etwas weiter. Und alles steht gerade mir besonders gut! (Sonst kann das, wie gesagt, nicht jeder tragen.) Auch beim Lebensmitteleinkauf gibt es die beliebten klassischen Sätze, die ja schon Frau Stratmann kannte: «Darf's ein bißchen mehr sein?» Immer muß es ein bißchen mehr sein! Will man den Käse vom Stück und nicht die aufgebogenen Scheiben, die da unter Glas seit 1984 schwitzen, dann heißt es: «Die hab ich gerade eben frisch abgeschnitten.» Frisch ist sowieso immer alles, auch das steinharte Brot: «Eben ganz frisch aus dem Ofen!» So bringen wir die Ladenhüter an die Frau. Fragen Sie bitte auch nie Kellner nach dem, was besonders gut ist. Sie werden Ihnen immer die Reste vom Vortag empfehlen. Also wenn die Antwort lautet: «Vom Sauerbraten rate ich ab, aber die Rindsroulade bürgerlich ist sehr gut», dann nehmen Sie den Sauerbraten. Die Rindsroulade hat garantiert ihre besten Zeiten hinter sich, muß weg und kommt auf den Teller wie – na, Sie wissen schon. Ewige klassische Sätze gibt es auch beim Betreten von Wohnungen mit Büchern: «Haben Sie die alle gelesen?» Es sind immer die größten Dummköpfe, die das fragen, und man muß darauf nur «ja» sagen, um sie für immer zum Schweigen zu bringen. Vor einiger Zeit saß ich mit einigen deutschen Kabarettisten zusammen, und wir lachten den ganzen Abend über die immer wiederkehrenden, ewig gleichbleibenden Sätze, die diesen Berufsstand von allem Anbeginn an begleiten. Sie lauten: «Wie fällt Ihnen das nur alles ein!» – «Wie behalten Sie das bloß alles auswendig!» – «Haben Sie auch einen richtigen Beruf?» – «Ich schreibe auch sehr komische Sachen, meine Familie lacht jedenfalls immer.» – «Haben Sie sich das alles selbst ausgedacht?» – «Können Sie denn davon leben?» Oder, schönster von allen: «Was machen Sie denn eigentlich tagsüber?» Nun, tagsüber schreiben wir über solche Sätze Kolumnen und verjuxen das Geld, das wir damit verdienen!

19/94

Armer Mozart!

ALSO . . . ohne Musik geht gar nichts. Musik rieselt über uns im Fahrstuhl und im Lokal, im Flugzeug müssen wir unerträgliche Walzerklänge erdulden, und im Kaufhaus dudelt es von morgens bis abends so, daß ich mich frage, ob die Verkäuferinnen nicht langsam alle verrückt werden. Früher war das Radio zur Nachrichtenübermittlung da, für Interviews, Reportagen, Hörspiele. Heute wird Musik auf allen Wellen gemacht, dazwischen Info-Häppchen von 2 Minuten 30 Sekunden, länger kann sich ja niemand konzentrieren, gell? Werbung ist traditionell mit Musik unterlegt – war es früher hauptsächlich Unterhaltungsgedudel, um uns Nudeln, Zahnpasta oder das ultimative Waschpulver besser zu verkaufen, ist es in letzter Zeit zunehmend Klassik. Die Komponisten sind lange tot, da kostet es nichts mehr, in ihren Werken herumzufleddern, sich die bekanntesten Häppchen rauszupicken und sie von drittklassigen Orchestern herunterfiedeln zu lassen: Beethoven fürs Dosengemüse, Gounod für Kaffee, Carmen für Putzmittel, Wagner fürs Auto (toller Einfall: Walkürenritt für die kühnen Ritter der Autobahn!), Carmina Burana für Kassetten – und immer wieder Mozart, Mozart, Mozart! Das Klarinettenkonzert muß am meisten leiden: Nicht nur, daß in jenem mysteriösen Sender namens «Klassik-Radio» mit seinem Hang zu lieblichen Häppchen und seinen Moderatoren, die unfähig sind, den Namen Berlioz auszusprechen, immer und immer wieder der zweite Satz aus Mozarts Klarinettenkonzert läuft (natürlich nur der zweite); nicht nur, daß schon zu diesem zweiten Satz Robert Redford Meryl Streep in «Jenseits von Afrika» die Haare waschen mußte, weil es so schön romantisch war – nein, neuerdings verkaufen sie uns im Werbefernsehen auch eine Kopfschmerz- und eine Schlaftablette mit Mozarts Klarinettenkonzert, natürlich nur ganz kurz, Werbezeit ist teures Geld. Und wie immer sind die Plattenfirmen flott bei der Hand und produzieren die schönsten Klassik-Hits auf CD – bekannt aus der Werbung, da haben wir dann alles hintereinander: Auto, Dosengemüse, Kaffee, Ajax, Schmerztablette, das Klassikpotpourri für die ganze Familie, die sich danach unter klassischer Musik nichts anderes mehr vorstellen kann als diese bebilderten netten Appetithäppchen. Wie, eine Sinfonie hat drei oder gar fünf Sätze? Das ist aber langweilig, wo sich doch der ganze Beethoven auf Tatatataaaa reduzieren läßt! (Ach ja, schon gehört? Neuer Brombeerlikör mit Beethoven, klasse!) Im Film fing das an, in der vermaledeiten, alle Bilder und Dialoge verklebenden Filmmusik. (Ja, ich gönne Bruce Springsteen seinen Oscar für den schönen Song in «Philadelphia»!) Aber es gibt Filme, bei denen die Musiksoße die Spannung erzeugen muß, die die Handlung nicht hat, und wenn dann die Geigen fiedeln, dann küßt er sie – und wir nennen das romantisch. Nur Antonioni hat sich immer geweigert, Filmmusik einzusetzen – in seinen Filmen hört man Schritte, da knarren Türen, da schlagen Fenster im Wind, da hört man den Rauch, den Jeanne Moreau aus ihrer Zigarette bläst. Ranzige Musik wird man da nicht finden, aber klare Bilder und sorgfältige Geschichten. Ach, nun dürfen Sie aber nicht glauben, daß ich nicht auch schwelge, wenn Scarlett im Sonnenuntergang steht und diese Musik ertönt! Hab ich ein Herz aus Stein? Manchmal hat Musik so eine schöne, beruhigende Funktion. Warum ich aber beim Arzt am Wartetelefon «Freude, schöner Götterfunken» in einer Spieldosenversion oder beim Anruf auf dem Paßamt Mozart, schon wieder diesen armen Mozart!, hören muß – das verstehe, wer will. Ich versteh's nicht.

20/94

Das Schicksal überlisten

ALSO ... ist das bei Ihnen auch so, daß es immer nur dann regnet, wenn Sie ohne Schirm weggehen? Man könnte fast schon eine Regel daraus ableiten und sagen: Wenn ich will, daß es garantiert nicht regnet, dann nehme ich einen Schirm mit. Ähnlich verhält es sich mit dem Anruf, auf den man so dringend wartet. Er kommt nicht, und wenn Sie stundenlang vor dem Telefon sitzen, es anstarren und denken: Nun klingel doch endlich, du blödes Ding! Das blöde Ding denkt gar nicht daran. Ich weiß aber jetzt nach vielen Lebensjahren (ja, Alter macht weise!) die entsprechenden Tricks, um das Schicksal, oder was immer es ist, zu überlisten: in diesem Fall also nehmen Sie Ihre Mülltüte, und gehen Sie raus zum Abfalleimer, oder bringen Sie endlich mal die dicken Wanderschuhe in den Keller. Sie müssen nur die Wohnungstür angelehnt lassen und gut die Ohren spitzen: In dem Augenblick, wo Sie am weitesten vom Telefon entfernt sind, wird es klingeln. Auch Eilbriefe, Blumen, Telegramme kommen nur zu den Zeiten, in denen man sich gerade mal aufs Ohr gelegt hat, und die ganze Kunst des friedlichen Überlebens besteht im richtigen Auswerten solcher Erkenntnisse. Einen großartigen Brief schrieb mir zu diesem Thema jüngst BRIGITTE-Leserin Elisabeth aus Schwechat in Österreich. «Nachdem ich mich mit nunmehr bald 40 Jahren damit abgefunden habe», schrieb sie, «daß eine Verschwörung der im Kosmos existierenden Materie gegen mich im Gange ist, beginne ich, die unabwendbaren Schicksalsschläge zu nutzen.» Und Elisabeth erzählt, was sie zum Beispiel tut, wenn sie an glühendheißen Sommertagen morgens mal wieder vergessen hat, die Balkonblumen zu gießen, und in der Büromittagspause fällt ihr das ein: Sie fährt dann rasch mit dem Auto durch die Waschanlage – zack! Schon beginnt es zu regnen. Bekommt sie für eine ersehnte Theaterpremiere keine Karten mehr, gibt sie alle eleganten Kleider in die Reinigung, und wenn sie dann gar nichts mehr anzuziehen hat, trudeln noch zwei Karten ein. Ja, so muß man das machen! Ich hoffe, ich habe Ihnen damit wertvolle Anregungen zur Alltagsbewältigung gegeben! Der Mann des Herzens ist seit zwei Tagen nicht aufgetaucht? Er kommt und kommt nicht? Warten Sie, bis Sie einen dicken Pickel am Kinn haben oder völlig erkältet und rotnasig sind – genau dann wird er auftauchen. Es klingelt ja auch IMMER, wenn man geradezu in der Badewanne sitzt, und verspätete Essensgäste kann man geradezu damit herbeizaubern, indem man schon mal anfängt: Wenn der erste Löffel das aufgebaute Soufflé-Kunstwerk zerstört hat, wird der Besuch schon kommen. Niemand hat Sie lieb, niemand findet Sie toll, seit Wochen hat kein Mann mit Ihnen geflirtet oder Sie bewundernd angesehen? Abwarten, liebe Freundin! An dem Tag, an dem Sie mit fettigen Haaren, gerade zerrissenen Strümpfen, eilig, hektisch, häßlich bis zum Abwinken, überfordert und mit praller Einkaufstüte (die vielleicht gerade reißt?) in die Straßenbahn steigen, an dem Tag wird er neben Ihnen stehen und Sie mit seinen blauen Augen anlächeln. Du hast keine Chance, aber nutze sie, heißt es. Tröstlich daran ist allein: Es geht uns allen so. Und deshalb gräme ich mich auch heute nicht über den Dauerregen: Ich gehe gleich mit Schirm raus, und schwupp! Schon wird er aufhören. Und raus gehe ich übrigens nur, damit endlich der Anruf kommt, auf den ich warte.

21/94

Wir schleppen und schleppen

ALSO... in Hollywoodfilmen sehen wir oft die entzük-
kende Blondine mit ihrem Freund – meist ist es Cary Grant –
einkaufen gehen. Sie kauft, er zahlt und trägt. Er trägt Pakete,
Hutschachteln, Kartons, sie hat höchstens ein kleines Päckchen
mit Parfüm oder Juwelen am Handgelenk baumeln, denn sie muß
ja die zierlich behandschuhten Händchen frei haben, um sie hinge-
rissen zusammenschlagen zu können, wenn sie im nächsten
Schaufenster ein ganz besonders reizendes Rosenhütchen entdeckt. Ich wünsch mir oft so einen Cary Grant, wenn ich einkaufen gehe. Dabei müßte er gar nicht mal alles bezahlen, aber er
sollte alles, alles tragen. Ja, ich weiß, die Emanzipation hat uns
eingebracht, daß wir unsere Mäntel selbst anziehen, Türen allein
aufmachen, Lasten ohne Murren schleppen können. Der Gatte,
der das Handtäschchen trägt, ist auch passé. Aber wenn ich an der
Kasse stehe mit Tiefkühlpizza, Spülmaschinensalz, Waschpulver
im Sechs-Kilo-Sparpack, zwölf Klorollen, Zwiebeln, Tomaten,
mit Milchflaschen, Honiggläsern, der Rolle Packpapier, Konserven, Kilo Mehl, Kilo Zucker, Kilo Kaffee, vielleicht auch noch
mit Katzensand, zehn Kilo, weil mal wieder junge Katzen im
Haus sind, vielleicht auch noch mit Hundeflocken und Dosen-
futter – ach! Dann wäre ich gern entweder tot oder verlobt mit
Arnold Schwarzenegger (ich merke ganz deutlich an, daß es sich
hier um eine Kolumne und also in Sachen Schwarzenegger um
einen kleinen netten Scherz handelt!), oder ich bereue doch zumindest jetzt, in meiner Jugend Haferflocken und Spinat nicht
gründlich genug aufgegessen zu haben und daraufhin, genau wie
Mutter es prophezeit hat, eben nicht groß und stark geworden zu

sein. Bis ans Auto schaffe ich es noch, weil mir die nette Kassiererin im Supermarkt erlaubt, den Einkaufswagen mitzunehmen. Bis nach Hause schaffe ich es auch noch. Jetzt ist alles nur noch eine Frage des Parkplatzes. Wer in der Stadt wohnt, weiß, wovon ich rede! Findet man nun einen Platz drei Straßen weiter, ist alles eine Sache des Timings: erst geht man mit Tiefkühlkost und Milch. Dann geht man mit leicht und schwer: Katzensand und Klorollen bieten sich da als Kombination an. Wohnt man parterre – na, herrlich! Aber eventuell muß alles in diese schöne Dachwohnung ... Die Hausfrau ist beschäftigt, die Muskeln kräftigen sich, die Atmung wird gut trainiert – ja, man muß das alles auch mal positiv sehen. Trotzdem frage ich mich, wieso Leute, die unterm Dach wohnen, sich den Streß antun, Partys zu feiern. Bei meiner Freundin darf niemand zu Besuch in den 6. Stock kommen, ohne irgendwas mitzubringen – ein paar Flaschen Wasser oder Wein oder Bier, ein bißchen Kaminholz ... Ach, Cary Grant. Du hättest soviel zu tun, aber wir sind sicher nicht dein Typ Blondinen ... Wir vermissen dich, und der Landrover, mit dem wir neuerdings alle in den Großstädten sportlich rumkurven müssen, weil alles so schön reinpaßt, der bewahrt uns auch nicht davor, alles, was da reinpaßt, auch in die Wohnung zu schleppen. Ich wüßte gern mal, wieviel Kilo wir im Laufe unseres Familienlebens bewegen – einmal das Matterhorn? Und jedesmal, wenn wir die Treppe mit leeren Händen hinunterfliegen könnten, nehmen wir auch was mit: den Müll, die leeren Flaschen, die alten Zeitungen. Alle Hände voll zu tun, bepackt wie die Esel. Wo wir doch eigentlich, eigentlich dazu geschaffen sind, mit einem winzigen Päckchen Juwelen am entzückenden Handgelenk ... siehe vorn.

22/94

Mann und Mode

ALSO . . . eigentlich wollte ich eine längere Abhandlung schreiben zum Thema «Mann und Socke», aber im Grunde läßt sich alles, was es dazu zu sagen gibt, auf einen Satz reduzieren: auf der Terrasse an einer Flanierstraße in einem deutschen Badeort sitzend haben wir an einem heißen Sommerabend mit Strichliste gezählt – von 100 Frauen in Sandalen, Turnschuhen, Schnürschuhen trugen fünf Socken, von 100 Männern 87. Der Männerfuß, schließen wir daraus, verlangt die klassische Socke, sinnlos, nach Begründungen zu suchen. Das bringt uns nun generell auf die Männermode, deren Neuheiten wir ja jede Saison fiebernd erwarten: Wird der Zweireiher zitronengelb? Kurzhosig? Geht der Herr in tomatenroten Rüschen? Trägt er noch Jackett oder Jäckchen? Wird er in pflaumenblau und resedagrün mit uns ausgehen? Ach, und dann immer wieder die Enttäuschung: antrazith, marine, braun. Streifen, Streifen, Streifen, wieder kein Blumenmuster fürs Büro! Keine deutsche Frau ohne Blumenkleid nach diesem Sommer, und der deutsche Mann? Trevira, Socke, Sandalen. Dabei erwischen wir sie doch auf den Laufstegen der Modezaren manchmal durchaus mit närrischen Käppchen, Plateausohlen, Fetzenlook und rosa Flatterseide, aber im Alltag – nichts. Immer das gleiche. Und das führt uns nun zur nächsten Überlegung: wie hätten wir ihn denn überhaupt gern, den Mann? Schrill, schräg, verträumt, romantisch oder grundsolide? Stirnglatze mit Zopf? Muskelbepackt und sonnengebräunt oder schmal und blaß mit Lesebrille? Und, wir prüfen uns bis ins Herz: Stimmt es nicht, daß auch Muskelprotze klug und blasse Leser blöd sein können? Nichts stimmt mehr, die Armani-Brille wird zur Kurzsocke getragen, und es gibt keinen verläßlichen ersten Eindruck mehr. Natürlich wollen wir schöne Männer, aber was ist denn klassisch schön? Robert Redford? Zu klein. Paul Newman? Zu alt. James Dean? Zu tot. Hugh Grant?! Nach dem Kinosommer 94 will man uns Hugh Grant als Frauentraum verkaufen, dabei hat der eine zu kurze Oberlippe und einen doofen Haarschnitt – gut, wenigstens keine Haare auf der Brust, aber was trägt er das einzige Mal, als er nicht im Hochzeitsfrack ist? Kurze Hosen, Socken und Schnürschuhe! Unmöglich, so wäre Cary Grant nie rumgelaufen! Wahrscheinlich trägt er sogar Boxershorts, diese unappetitliche Kreuzung aus Schlaf- und Badeanzug, Unterhose und Shorts, ganztägig aufzutragen. Überhaupt – der letzte «ungesättigte» Modemarkt, las ich, sei das weite unerforschte Terrain der Männerunterwäsche. Weg mit dem klassischen Baumwolldoppelripp! Tangaslip für den Muskelmann, schwarzer Body für den Intellektuellen, und vom Sänger der «Element of Crime» (gab es je eine intelligentere Band in Deutschland? Noch nie!) wissen wir, daß der Geliebte sich von der Geliebten Hosen häkeln läßt. Interessant! Warten wir also ab: Vielleicht kommen unsere Herren auch in dieser Saison wieder im schwarzen Hemd mit dunkelgrauer Jeans, im beigen Anzug mit Streifenkrawatte, im klassischen Trench daher. Aber darunter! Darunter tobt sich der ungesättigte Markt aus – lila Rüschenslips, gehäkelte Hemdchen mit Flügelärmeln, Leibchen, an denen die langen Socken befestigt sind, geblümte Bodies mit Spitzen – lechz! Obwohl ... 4,6 Stück Unterwäsche kauft der deutsche Mann pro Jahr. Doppelripp, Baumwolle, weiß. Es bleibt wieder alles an uns hängen.

23/94

Busen und andere Dinge

ALSO . . . ich weiß nicht so recht: Dürfen wir im Moment Busen haben oder nicht? Lange Zeit durften wir nicht. Der Busen fand in der Mode und vor allem bei den Models nicht mehr statt, da war einfach nichts, und ich glaube, das änderte sich erst mit Claudia Schiffer, die andererseits bestimmt nicht unschuldig ist an der Flut der schaurigen Blondinenwitze im Sommer 1994. Plötzlich war da wieder was im Dekolleté, runde Kugeln, hochgeschnürt, und der Büstenhalter feierte ein Comeback in üppiger Spitze. Natürlich durfte die philosophische Untermauerung des neuen Busengefühls nicht ausbleiben, und natürlich sind es die Männer, die dergleichen erforschen. Was ist denn nun attraktiver, der kleine oder der große Busen? Man heiratet den kleinen und betrügt ihn mit dem großen, dahin geht so ungefähr die Tendenz. Eine Zeitschrift widmete jüngst dem Thema einen großen Artikel: Warum machen Frauen mit kleinem Busen eher Karriere als Frauen mit großem Busen? Weil, sagt der Experte, Frauen mit kleiner Brust mehr männliche Hormone produzieren und deshalb aggressiver, forscher und entschlußfreudiger sind als die Großbusigen. Da schau her! Wieder mal eine neue Diffamierungsidee: Die Frau mit großem Busen, rät eine Personalberaterin (!), sollte eben bitte keine Ausschnitte und nichts Enges, sondern lieber umhüllendes Wallewalle tragen, wenn sie nicht für einen «dümmlichen Monroe-Verschnitt» gehalten werden wollte, sie müßte sich eben ein bißchen zurückhalten und mehr anstrengen, um auf der Karriereleiter hochzuklettern, trotz Vordergewicht. Wie bitte? So was muß man sich schon wieder sagen lassen? Wo ist die Untersuchung, ob Showmaster mit schütterem Haar (Gottschalk) blöder sind als Showmaster mit vollem Haar (Harald Schmidt), oder wollen wir mal wieder Penislängen messen, um den guten Liebhaber zu ermitteln? Wahrscheinlich sind auch immer noch blonde Frauen blöder als Dunkelhaarige, und die Rothaarigen sind sowieso Hexen. Frauen mit langem Haar haben mehr Sex als Frauen mit Kurzhaarschnitt, und Frauen mit Brille sind ja sowieso so unerotisch, daß schon Humphrey Bogart zu ihnen sagen mußte: «Engelchen, nimm die Brille ab. Wow! Ich wußte es.» Hört das nie auf mit diesen mittelalterlichen 08/15-Einordnungen? Wem dient das alles, irgendeiner Industrie? Soll es nur die Zeitungen füllen, oder soll es für Gesprächsstoff in der Gesellschaft sorgen? Dann hätte ich auch noch ein paar Vorschläge, bitte, dann will ich auch noch ein paar Vorurteile loswerden. Reich-Ranicki darf immerfort ungestraft sagen, daß Frauen keine Romane schreiben können, also darf ich ja wohl sagen: Männer mit Seitenschlitzen in den Jacketts sind eitle Affen. Männer sind faul und unordentlich, und wenn sie fleißig sind, sind sie vom Ehrgeiz zerfressen, und wenn sie ordentlich sind, sind sie pingelig. Männer haben keine Ahnung, wie gräßlich sie oft von hinten aussehen, und Männer, die sich ausdenken, daß Frauen mit kleinem Busen eher für eine Karriere taugen als Frauen mit großem Busen, haben vielleicht ein zu kleines Hirn, damit könnten sie aber gut – ich lasse das allerletzte Klischee aus dem Sack – einen gelben Manta fahren. Noch was vergessen? Ja, den Wutschrei darüber, daß Frauen immer und immer auch ihr Äußeres mitverkaufen und -beurteilen lassen müssen. Erbitte Zensuren für Kohl, Lafontaine, Udo Lindenberg und Richard Gere. Brrrr.

24/94

Das Leben riskieren

ALSO... was eigentlich treibt Menschen immer wieder dazu, ihr Leben nur so zum Spaß, aus reinem Nervenkitzel, aufs Spiel zu setzen? Warum springt jemand an einem Gummiband in die Tiefe, wo er im letzten Moment wieder aufgefangen und hochgezogen wird? Ist sein Leben so arm an Reizen, daß er diesen Extremreiz braucht? Oder ist es eine Mutprobe gegen alle heimlichen Ängste, und danach kann man das Leben freier und besser ertragen? Auch Psychologen rätseln ja an diesem Phänomen herum und versuchen es zu deuten. Warum will alle Jahre wieder jemand in einem Faß die Niagarafälle hinunterdonnern, wobei die Chance, lebend unten anzukommen, nicht groß ist? Und wenn er ankommt, wird er auch nicht gerade wie ein Held gefeiert, sondern muß noch eine saftige Strafe zahlen, weil dieser «Scherz» streng verboten ist. Am meisten erschreckt mich, daß Kinder und Jugendliche immer neue lebensgefährliche Spiele erfinden – das Trittbrettsurfen in der S-Bahn zum Beispiel. Warum tun sie das? Weil es Harrison Ford und Gene Hackman im Film bei der Verbrecherjagd auch tun? Oder muß man heute schon so starken Tobak vorweisen, um sich noch gegenseitig zu imponieren, wo wir früher eine dicke Spinne mit der Hand fingen oder einen ekligen Wurm schluckten? Natürlich gibt es bei solchen «Abenteuern» Verletzte, aber das scheint nicht sonderlich abzuschrecken. Haben diese Kinder niemanden, der ihnen klarmacht, was ein Leben ist und daß man nur eins davon bekommt? Als um Los Angeles die verheerenden Brände waren, sah ich im Fernsehen einen Arzt weinen vor Erschütterung über die so schwer verbrannten jungen Feuerwehrleute, die er behandeln mußte. Er sagte: «Und sie wollen so schnell wie möglich gesund werden, um weiter helfen zu können.» In Ruanda sahen wir junge Helfer mitten im choleraverseuchten Lager – auch da setzen Menschen Leben und Gesundheit aufs Spiel, aber gewiß nicht leichtfertig und bestimmt nicht um eines Nerventhrills willen. Vielleicht ist nicht alles altruistisch, vielleicht spielt auch da die Sehnsucht nach Anerkennung, nach einem Sich-bewähren-Wollen eine Rolle. Aber da hat es einen Sinn. Welchen Sinn hat es, an einem Seil in die Tiefe zu springen, wie es kürzlich sogar ein Hundertjähriger tat? War er das Leben so leid geworden? Offensichtlich erfreute er sich noch bester Gesundheit – ist es vorbildlich, die dann dermaßen leichtsinnig zu riskieren? Lebte mein Großvater noch, ich würde gewiß alles tun, um ihn gerade nicht Wildwasser fahren, Bungee springen, auf dem Surfbrett den Pazifik überqueren zu lassen. Aber mein Großvater hatte auch gar keinen Hang zu solchen Exzessen, die beiden Kriege, die er erlebt hat, haben ihm gerade gereicht. Leben wir in unseren reichen, geordneten Ländern in zu langweiligen Verhältnissen? Machen die Armen in Brasilien, Indien, Afrika auch solche «Mutproben»? Nicht wahr, wir alle ahnen die Antwort auf diese theoretische Frage.

25/94

Dessertkarten –
zum Verzweifeln!

ALSO... viele Speisekarten zeugen nicht von allzu großer Phantasie. Das Jäger-, wahlweise Zigeunerschnitzel mit Pommes wird in Deutschland niemals auszurotten sein, und der Zwiebelrostbraten mit Butternudeln gehört dazu wie die fette Schweinshaxe. Na gut. Wir haben genug Spezialitätenrestaurants, gelobt seien all die wunderbaren Griechen, Jugoslawen, Inder, die Chinesen und Spanier, bei denen wir etwas anderes essen können als Kartoffelsalat mit Bockwürstchen. Wobei ich gerade Kartoffelsalat mit Bockwürstchen für ein Highlight der deutschen Küche halte, bei uns zu Hause war das immer das traditionelle Weihnachtsessen! Aber zum Verzweifeln sind die Dessertkarten. Unsere vielen Italiener bieten schon seit Jahrhunderten gähnend nichts anderes an als Tiramisu, immerzu nur Tiramisu, aus den Ohren quillt es uns, und seit Zabaione wegen Salmonellengefahr weitgehend von den Karten verschwunden ist, feiert dieses entsetzliche Tiramisu noch größere, unschlagbare Triumphe. Wir haben Glück, wenn wir zwischen Tiramisu und Eis mit heißen Himbeeren wählen dürfen. Ganz schlimm wird es, wenn Dialog von Früchten angeboten wird. Ach, wo bist du, mein geliebter alter Obstsalat aus Apfelsinen, Bananen, Äpfeln, Rosinen, Birnen, Pflaumen, mit einem Schuß Schnaps und ein paar gehackten Nüssen? Wenn Obstsalat, dann aus der Dose, wo Ananas von Kirschen nicht zu unterscheiden sind, farblich alles gleich verwaschen, geschmacklich alles wie gesüßte Tapete. Aber Dialog von Früchten!!! Vielfarbiges Püree, mit der Gabel zu Streifen ineinandergezogen, mit einem Eiskügelchen (Sättigungsbeilage?) angereichert und durch ein Minzeblättchen gekrönt – o du Horror aller

Dessertkarten, wenn man am Ende einer guten Mahlzeit noch was richtig Leckeres naschen möchte! Ja, Mousse au chocolat wird auch noch angeboten, von Winsen an der Luhe bis Oberammergau: knochentrockener Schokoladenpudding, genannt Mousse au chocolat! Nein, ich will das alles nicht mehr essen. Ich will Apfelkompott mit Zimt und kleine süße Pfannkuchen, ich will Vanillepudding mit Himbeersaft, Erdbeercharlotte und Pflaumen mit Zucker und Zimt, aber nicht die neumodische Zwetschge mit Zimteis für zwölf Mark! Oder ich will das, was man im jeweiligen Land auch zum Nachtisch ißt: beim Chinesen Lychees, das ist doch noch was, aber was bietet der Chinese an? Mousse au chocolat! Es ist nicht zu fassen. Und ist es eigentlich noch möglich, nach dem Essen einfach nur einen Pfirsich oder einen Apfel zu essen? Darf man auch zwei nehmen? Kann man das dann noch bezahlen? In der Erdbeerzeit gibt es überall Erdbeeren mit Eis und Sahne, aber noch nie habe ich in der Kirschenzeit einfach ein Tellerchen mit süßen roten Kirschen, ungekocht, mit Stil und Kern und Blatt und wie gewachsen, angeboten bekommen. Warum nicht? Ist das zu phantasielos, muß die Kirsche als heißes Kompott über Vanilleeis geschüttet werden? Oder zum Früchtedialog degradiert? Ach, macht doch die Dessertkarten ein bißchen einfallsreicher, bitte, liebe Köche. Überlegt noch mal, was gab's denn früher bei Mutti zum Nachtisch? Pudding in kleinen Förmchen mit Karamelsoße? Selbstgekochte rote Grütze? Apfelstrudel mit heißer Vanillesoße? Oder gab es etwa Dialog von Früchten, Mousse au chocolat und Tiramisu? Tiramisu kann man übersetzen, es bedeutet: Zieh mich rauf. Mich zieht soviel Einfallslosigkeit allmählich aber runter.

26/94

Die Welt als Markt

ALSO... wohin auch immer in der Welt wir reisen: Wir können sicher sein, überall das gleiche Warenangebot zu finden. Die Einkaufsstraßen dieser Welt sind gepflastert mit den ewig gleichen Boutiquen, weltweit etwa zehn Markennamen, ohne die nichts mehr geht, so wie es keine heimische Fußgängerzone mehr gibt ohne mehrere Kaffeeausschanks, die Gemischtwarenläden gleichen. Solchen Gemischtwarenläden gleichen inzwischen auch die Museen: Jeder scheint zu kaufen, was er kriegen und bezahlen kann, und in manchen Sammlungen packt den Betrachter der reinste Schrecken. So zum Beispiel in der Gulbenkian-Stiftung in Lissabon. Ich weiß nicht viel über Herkunft, Warum und Wieso dieser Stiftung, aber ich weiß, was ich sehe: ein Museum, vollgestopft mit Kunst und Schnickschnack aus der ganzen Welt, von einem steinreichen Ölmann ohne jedes System zusammengerafft – ein bißchen Rubens, ein paar chinesische Teppiche, gleich daneben altrömisches Glas, ein Saal mit französischem Glas, dann aber wieder barocke Tafelaufsätze aus Silber, ein paar herrliche Impressionisten, Marmorfiguren nachgemachter Griechen – ein Sammelsurium der Stile, Jahrhunderte, Kitsch und Kunst nebeneinander, und verwirrte Gruppenreisende werden durchgeschleust und wissen nicht, was das nun alles soll. Geld soll es zeigen, Geld und Gier und schlechten Geschmack, mehr nicht. Das ist die schlimmste Variante, aber es gibt ja auch die andere, daß eben gute große Kunst überall zu sehen ist, wo gute große Museen sind. Hört sich schön an, und als wir jung waren, sind wir auch voller Begeisterung getrampt, um den Louvre, den Prado, die Vatikanischen Museen zu besichtigen. Wir mußten ALLES noch kennenlernen, haben alles aufgesogen. Aber heute frage ich mich, warum man die besten van Goghs in japanischen Safes hat, jugoslawische Naive in Paris, deutsche Dadaisten in New York, Rubens in Portugal, Manet in Madrid und Arcimboldo in Wien. Ach, manchmal stehe ich davor und sehne mich danach, einen Künstler und sein Werk da kennenzulernen, wo der Künstler gelebt hat und wo das Werk entstanden ist! Warum malte El Greco im sonnigen Spanien so düster? Keine Ahnung, El Greco hängt ja irgendwo, die Holländer dagegen mit ihren zarten Spitzen, den feinen Pelzkragen und dem rosa Porzellanteint, die hängen in Spanien. Der Pergamon-Altar steht in Ostberlin, Nofretete habe ich in Westberlin gesehen, warum bauen wir keine Pyramiden in Wanne-Eickel? Ich weiß schon, daß das unrealistisch ist. Aber geben Sie zu, daß der Gedanke verlockend wäre, in Amerika die amerikanische Avantgarde kennenzulernen und die deutschen Dadaisten in Deutschland zu haben. Was auch intelligente Wanderausstellungen ermöglichte, denn natürlich soll alles überall gesehen werden können, nur vielleicht nicht in diesen fürchterlichen «Schaut-her-was-wir-alles-angehäuft-haben»-Mischungen. Aber das ist eben wie mit dem Warenangebot generell, Levi's-Jeans in Korea, Benetton allüberall, Donna Karan New York in Köln, dafür Jil Sander in New York. Wer findet schon noch das Spezielle eines Landes im speziellen Land – Brüsseler Spitzen von Tokio bis Rio, italienische Schuhe in Schottland und überall zum Nachtisch Tiramisu. Warum soll es der Ware Kunst anders ergehen?

1/95

Fernsehen und Leben

ALSO... wenn im Wald ein Baum umfällt, und das Fernsehen ist nicht dabei – ist der Baum denn dann auch wirklich umgefallen? Oder andersrum: Wenn in der Lindenstraße eine Wohnung frei wird, ja du liebe Güte, sollten wir uns dann nicht schleunigst darum bewerben? Und geht da vorn nicht Hansemann? Natürlich! Das ist doch Hansemann! «Hansemann, Hansemann, huhu!» Müde dreht sich Herr Luger um, oder auch nicht, er hat offiziell keinen Namen mehr. Einmal Hansemann, immer Hansemann, ich kenn das, auch mir rufen nach nun fast zehn Jahren Sendeschluß immer noch Trottel «Hallo, Frau Stratmann» hinterher. So was klebt. Es klebt bis in den Tod. Nicht Tilly Breidenbach ist gestorben, sondern Lydia Nolte, nicht Marga-Maria Werny, sondern Oma Sharif aus «Schmidteinander», nein, nicht Omar Sharif, der heißt ja in Wirklichkeit Doktor Schiwago, sondern die liebe Oma Sharif, und Thanner ist auch tot, das war der, der im selben Büro mit Schimanski saß, und Schimanski, das ist Dingens, na, Götz George. Den kennen wir gerade noch – vom Film. Er ist nicht gnadenlos verfernsehhackstückt. (Schönes Wort, was? Gerade erfunden.) Auch Dustin Hoffman ist immer Dustin Hoffman und eben nicht bloß Rain Man oder Tootsie, aber wehe, wer einmal im Fernsehen eine Serienrolle spielte – der hat die Persönlichkeit und den eigenen Namen in der Honorarabteilung gleich mit abgegeben. Ich sehe in Zeiten größter Arbeitsunlust, würgenden Lebensekels und gänzlicher Verzweiflung sehr gern Endlosserien aus den USA, und da gucke ich nun schon die 1736. Folge von «Reich und schön», aber denken Sie, ich wüßte, wie Stephanie Forrester im wahren Leben heißt? Und wie erschrocken bin ich, wenn ich Mason Capwell aus dem ekelhaften California Clan plötzlich in einem Film als Arzt in New

York sehe – ich denke, der ist Rechtsanwalt in Los Angeles? Auch Oberschwester Hildegard hab ich schon mal sympathisch in der Großstadt angetroffen anstatt mißmutig auf Nachtwache in der Schwarzwaldklinik, und von Schwester Christa wollen wir erst gar nicht reden. Oder Thekla Carola Wied – ist die jetzt Nonne oder Reporterin? Wenigstens hat sie noch ihren alten Namen, aber Maria Schell ist ja nun schon im Film eine Nonne namens Maria, und da vermischen sich Leben und Fiktion rest- und gnadenlos. Schlimm wird es auch, wenn der dämliche Mexikaner aus der einen Serie plötzlich genauso spricht wie der gerissene Verbrecher aus der anderen, weil ihm nämlich Ronald Nitschke jeweils die kratzige Stimme leiht, oder wie furchtbar, wenn ich aus dem Stuhl hochspringe, weil mein Robert Redford zu mir spricht, aber es ist nur die Stimme aus der Kaffeereklame. Darf so was sein? Dürfen wir so verwirrt werden, darf so mit unseren Gefühlen und vor allem unserem Realitätssinn Schindluder getrieben werden? Woran sollen wir uns noch halten? Was ist wahr, echt, wirklich, was ist Plastik, Studio, Finte? Ach, wie gut, daß wenigstens Barbara Eligmann mit ihrem eisigen Blick jedesmal energisch in die Kamera guckt und scharf daran erinnert: «Mein Name ist Barbara Eligmann.» Ja doch. Pater Ralph dagegen kann millionenmal sagen: «Mein Name ist Richard Chamberlain», für uns bleibt er immer Pater Ralph, der Unglückspater aus den Dornenvögeln. Und wenn im Wald ein Baum umfällt und das Fernsehen war nicht dabei, nein, dann war der Baum auch nicht wirklich wichtig, und es ist egal, daß er umgefallen ist. Mein Name ist Elke Heidenreich...

2/95

Ewige Täschchen

ALSO ... durch unser ganzes Frauenleben begleiten uns irgendwelche Täschchen: im Kindergarten war es das kleine, meist rote, mit Taschentuch, Butterbrot und Äpfelchen. Dann gab es den ersten Schultornister, aber der wurde ziemlich rasch abgelöst durch eine Schultasche, die sehr erwachsen fast wie Papas Aktentasche aussah. Zur Konfirmation gab es ein Abendtäschchen, Wildleder, mit Perlen bestickt – das Kind ging ja nun auch schon in die Oper und ins Theater. Dafür wurde die Aktentasche abgelöst durch den Matchsack der 50er Jahre, in dem Bücher, Turnschuhe, Handarbeitszeug durcheinanderpurzelten. Dann kam die allererste wirkliche Handtasche – was für eine Aufregung! Die vielen Innentaschen! Die Reißverschlüsse! Wie gut sie roch, was man alles verstauen konnte – Kamm und Spiegel, den ersten Lippenstift, das passende Portemonnaie, den ersten eigenen Hausschlüssel («Aber um zehn Uhr bist du zu Hause!»). Bald schon tat es nicht mehr nur EINE Handtasche – es mußten mehrere sein, und sie mußten passen: zum ersten Kostüm, zum Tanzstundenkleid, ach, und die schrillgrüne! Und dann kamen die Schultertaschen, zuerst noch nett viereckig und ordentlich, aber dann wurden es diese unförmigen Säcke, in denen wir unser ganzes Leben mit herumschleppten – Bücher und Antibabypillen, die Briefe von Karlheinz, Parfüm, Knirps, Schreibzeug, Gedichte, Photos, Terminkalender, Tagebuch und immer eine Tafel Schokolade für plötzliche Lebenskrisen. Nie fand man etwas in diesen meist schwarzen, weichen Lederbeuteln, und doch war immer alles drin, sogar Geld verschiedener Währungen aus den jüngsten drei Ferien und Wäsche zum Wechseln, weil man ja nie wußte, an welchen Strand einen das Meer der Liebe spülen würde in diesen wilden 70er Jahren ... Die 80er brachten uns den Rucksack. Wir trugen das weiße Leinensäckchen, den geblümten Samtrucksack, den schicken Lederbag auf den Rücken geschnallt wie als Kind den Tornister und hatten die Hände frei für den Rennradlenker. Hochmodern! Aber wieder ein ewiges Gewühle und Genestle, bis man ganz unten drin endlich eine Sicherheitsnadel gefunden hatte. Danach bescherte uns die Mode eine ihrer abscheulichsten Entgleisungen, praktisch, zugegeben, aber atemberaubend gräßlich anzusehen: das vor den Bauch geschnallte Känguruhtäschchen. Was bei Kellnerinnen dezent unter dem Schürzchen versteckt ist, trugen nun Martina und Bettina über den Tigermusterleggings und dem Schlabberpullover – einen breiten Gürtel mit ovaler, vollgestopfter Tasche, es sah immer aus wie ein bißchen schwanger und machte auch von hinten, den Po modellierend, eine bemerkenswerte Figur. Bei Männern löste die Känguruhtasche das einschlaufige Herrentäschchen ab – bei den Sportlichen zumindest, denen, die nicht gern mal beim Spaziergang oder Einkaufsbummel Muttis zweibüglige weiße Lacktasche tragen. Plötzlich zogen dann junge Mädchen kleine Kinderwägelchen aus Stoff hinter sich her ohne Baby, aber mit Kosmetiktäschchen und Kreditkarten drin, wie das Einkaufswägelchen für Rentner. So schoben sie durch die Einkaufsmeile, die jungen Mütter des Konsums, und bald werden es richtige Kinderwagen sein mit kleinen Mädchen drin, die ihr erstes rotes Täschchen umhängen haben – und alles geht wieder von vorn los . . .

3/95

Modewörter

ALSO... wenn ich meinen Schlüssel vergessen oder mal wieder einen Schirm verloren habe, dann neige ich schon mal dazu, zu sagen: «Eine Katastrophe! Jetzt hab ich den Schlüssel vergessen! Jetzt hab ich den teuren Schirm in der U-Bahn stehenlassen!» Eine Katastrophe? Du liebe Güte, doch wohl eher eine blöde Lappalie. Aber mit großen Wörtern sind wir alle schnell bei der Hand, was eine Nachlässigkeit war, wird zum Skandal, wenn der Gatte nachts schnarcht, ist das absolut unerträglich und treibt in den Wahnsinn, wer sich beeilen muß, weil er zwei Termine hintereinander hat, ist sofort «im Streß». Im Streß sind alle, und ich hasse es, wenn mich einer anruft und fragt: «Na, biste im Streß?» Blöde Modefrage, blöde Modewörter. Neuerdings gibt's ein neues, das Syndrom. Alles ist Syndrom, wenn wir nun mal zwei, drei Tage keinen Wein trinken, haben wir nicht mehr die beschworenen «Entzugserscheinungen», sondern ein «Entzugssyndrom». Aus den USA kommt brandneu das LCS-Syndrom, haben Sie das schon? Das hat man jetzt. Es bedeutet, daß man sich mies und blöd fühlt, dann lernt man einen tollen Typen kennen, verbringt eine sagenhafte Nacht mit ihm und ist wie neu geboren: Augenleuchten, Haut ist straff, Haar glänzt, eine Nacht mit gutem Sex hat das Leben verändert, LCS = Life Changing Sex = LCS-Syndrom = Modeschwachsinn hoch vier. Der größte Mißbrauch wird mit dem Wort «Arbeit» betrieben. Wir trauern nicht mehr, wir leisten Trauerarbeit. Wir erinnern uns nicht, nein, wir leisten Erinnerungsarbeit. An die Bibelarbeit der Konfirmationszeit kann ich mich noch gut erinnern, aber muß Lisa Überzeugungsarbeit leisten, wenn sie Harry ins Kino locken will? Schöne Beinarbeit leistet Boris Becker, ich versuche ebenso schöne Kopfarbeit zu leisten, und so arbeiten wir denn alle vor uns hin, die Arbeit nimmt schier überhand, dabei haben wir eine Arbeitswelt, die Millionen Arbeitslosen verschlossen ist, aber das ist nun wohl schon wieder ein anderes Kapitel. Wir sind auch nicht mehr ein bißchen deprimiert, nein, wir haben gleich Depressionen. Wer wirklich mal welche hatte, geht etwas vorsichtiger mit diesem Begriff um und bekommt nicht gleich eine Depression, wenn es morgens mal keine frischen Brötchen gibt. Wir sind auch nicht mehr müde, abgespannt oder k.o., nein, wir sind «total fertig», «total genervt», «echt alle». Wir sind total echt super. Und wir haben für jede Kleinigkeit das rechte große Wort. Ist es eine Katastrophe, wenn morgens das Auto nicht anspringt? Eine Katastrophe ist es, wenn ein Vulkan ausbricht oder ein Fluß ganze Dörfer wegspült. Wenn ich mich vor Spinnen ekle, habe ich natürlich gleich eine Spinnenphobie. Wenn ich mal kurz schwitze, ist das dann schon das Wechseljahressyndrom oder vielleicht doch der zu dicke Pullover? Überall haben sich so großmächtige Töne und so prächtige Fremdwörter eingeschlichen, jeder will sie benutzen, und das kann schiefgehen – «den Doofkopp muß man», sagt Alfred, «einfach gar nicht ignorieren». Neulich im Zug ertappt der Kontrolleur den angetrunkenen Jugendlichen ohne Fahrkarte. «Ich bin», sagt der, «eine Demokratie und habe das Recht, mit dem Zug zu fahren.» Logo! Du bist das Volk! Er ist Volker! Volker hört die Signale! Ehe mir die Kolumne vollends zur Katastrophe entgleitet, höre ich hier lieber auf.

4/95

Der Anorak fürs Theater

ALSO... es scheint Menschen zu geben, die sich ohne Sportklamotten einfach nicht auf die Straße trauen. Viele Jugendliche gehören dazu: Ist ein Vierzehn-, Fünfzehnjähriger nackt und elend ohne Baseballkäppi, natürlich verkehrt rum aufgesetzt? Muß wohl sein. Es gibt auch nur noch zwei Sorten Schuhe, die an Jugendlichen besichtigt werden können: entweder der überdimensionale, klobige Kampfstiefel, vorn offen, ohne Socken und Schnürsenkel, schlurf, schlurf, oder der vielfarbige, containergroße Sportschuh mit Klettverschluß und tausend Extras. Meist vervollkommnet ein Sweatshirt mit Aufdruck eines (irgendeines) amerikanischen Sportvereins die seltsame Aufmachung, und ich denke, die Mütter sehen an der Haustür ihren so abartig ausstaffierten, kleiderschrankförmigen Kids (alles muß ja mindestens auch vier Nummern zu groß und hinten geknöpft sein) wehmütig nach, so wehmütig wie meine Mutter mir, wenn ich 1958 mit vier gestärkten Petticoats übereinander auf hohen Absätzen zur Schule stöckelte, um mir, aufgedonnert wie Jayne Mansfield, mal wieder eine Fünf in Mathe abzuholen. Wenn man jung ist, sucht man doch herum – wer und wie bin ich? Und meist fühlt man sich am wohlsten, wenn man aus der Menge der Freunde nicht heraussticht. Nichts ist schlimmer, als wenn alle Steghosen tragen, und du mußt im Schottenrock gehen! Aber wenn man ein bißchen älter wird, entwickelt man in der Regel doch seinen eigenen Stil, gerade in dieser Zeitschrift ist ja davon oft und gern die Rede, und es ist immer faszinierend, wie jemand genau erkennt, welche Farben, welcher Stil zu ihm passen – ein Zeichen von Reife, Sicherheit und Geschmack. Warum bleibt das manchen Menschen trotz aller Anregungen rundum so hartnäckig verwehrt? Woher bloß kommt sie, die fatale Liebe zur Jogginghose beim Bummel durch die Fußgängerzone? Warum müssen Freizeitanzüge in den Farben Orange, Giftgrün, Lila und Pink sein – gleichzeitig und zwanghaft? Warum muß ich auch im Theater unbedingt den zweifellos bequemen Turnschuh anziehen und den Ski-Anorak ins gut geheizte Kino? Wenn Renate Schmidt beim Wahlkampf in Bayern ein Dirndl trägt, ist das doch irgendwie herzig, aber mit einem Dirndl im Bundestag kann ich mich sowenig anfreunden wie damals mit den Strickjacken mit hölzernen Herzchenknöpfen, die Petra Kelly trug. Aber auch das mag noch als Ausdruck von ebenjenem persönlichen Stil angehen. Warum jedoch reine Sportbekleidung zum alltäglichen Straßenbild gehört, vermag ich nicht zu ergründen. Soll sie uns die Fitneß und Leistungsstärke des Trägers signalisieren, «schaut her, ich bin ein toller Hecht, durchtrainiert und top»? Kann nicht sein, denn aus den buntesten Leuchtstoffhöschen quellen ja nur zu oft die dicksten Bäuche. Es wird ein Geheimnis bleiben, nicht mit dem kleinen Menschenverstand zu ergründen. Wenn es aber schon bar jeder Rationalität ist, warum wer was wann wo trägt, dann frage ich mich, warum einige Sportarten vom Gang zum Einkaufsbummel durch die Fußgängerzone so hartnäckig ausgeschlossen sind: wir sehen Turnhosen, Rennschuhe, die grausige Fahrradhose, den Abfahrtsläuferlook, die Fußballermontur und das Badeanzugteil – warum sehen wir nie ein Gesicht, gnädig verhüllt von einer Maske, wie sie die Fechter tragen? Ich glaube, das würde manchem doch großartig stehen!

5/95

Kein Ort, nirgends

ALSO... als Gabi die schöne große Altbauwohnung im zweiten Stock wirklich kriegte, war sie selig. Aber es gab natürlich viel zu tun, da war ja jahrzehntelang nichts gemacht worden. Wo zugemauerte Schiebetüren waren, wurden die Wände wieder aufgerissen. Leitungen verschwanden unter Putz. Küche und Bad wurden komplett umgebaut und neu gefliest, und ganz zum Schluß, leider mitten im schönen heißen Sommer, kamen die Gerüstbauer und machten allen Parteien das Balkonwohnen unmöglich, weil Gabis Balkon einen neuen Boden bekam. Dann war aber alles gut, der Krach vorbei, das Gerüst weg, der ewige Dreck im Treppenhaus beseitigt, Gabi lud die Oben- und Unten-Nachbarn auf einen Wiedergutmachungsschluck ein. «Ja», sagte die Nachbarin von oben vorsichtig, «nächste Woche geht es ja bei uns los, mein Mann läßt Fußbodenheizung legen. Dazu reißen wir die alten Dielen raus und fliesen die Böden in der ganzen Wohnung.» Wer ist denn Gabi, sich dagegen nun aufzulehnen, hat sie doch selbst mehr als zwei Monate für Krach und Dreck gesorgt? Also, tapfer die Decke über den Kopf gezogen, als nun jeden Morgen um Viertel nach sieben oben das Hämmern und Klopfen losgehen. Am schlimmsten dabei: das Radio, das Handwerker offensichtlich ununterbrochen brauchen, ohne Radio geht gar nichts, und es muß immer so laut sein, daß es Sägen, Hämmern und Bohren mühelos übertönt – der deutsche Handwerker hört Bata Illic, Katja Ebstein und «Wähle drei, drei, drei auf dem Telefon/wähle drei, drei, drei, und du hast mich schon». Gabi ist versucht, 110 zu wählen, aber die drei Wochen Fußboden oben gehen schließlich vorbei. Aber dann. Dann hat der Hausbesitzer den Speicher verkauft, und ein sehr flottes junges Paar baut diesen Speicher nun um zu einem sehr schicken großen Loft, und was das bedeutet, muß ich nicht erklären, oder? Danach muß dann das Treppenhaus renoviert werden, und auch leise Anstreicher fangen um sieben Uhr morgens mit lauter Musik und klabaster, klabaster, Treppe rauf, Treppe runter an. Gabi ist dem Nervenzusammenbruch nahe. «Kann ich», fragt sie, «von Freitag bis Montag bei dir wohnen und endlich übers Wochenende meinen Artikel in Ruhe fertigschreiben?» Natürlich kann sie. Ich wohne nett im Grünen. Um zehn Uhr mäht Frau P. ihren Rasen, mit einem Benziner. Ab elf mäht der Hausmeister der eleganten Wohnanlage gegenüber mit einem kleinen kompakten Autorasenmäher, weiß der Geier, wie man die Dinger nennt, jedenfalls sitzt der Hausmeister drauf, fährt lustig knatternd Runde um Runde durch den gepflegten Park, und dazu spielt laut das Kofferradio. Mittags fängt Herr G. an, seine Äste und Gartenabfälle zu schreddern. Wir fluchen, stöhnen, drohen, schreien hinüber, er winkt freundlich zurück, hören kann er uns ja nicht, weil die Schreddermaschine einen so unbeschreiblichen Lärm macht. Am Samstagnachmittag um 15 Uhr kommt Roswitha zum Saubermachen. In dem Moment, als sie den Staubsauger anschaltet, schreit Gabi gellend: «Neeeeeeiiiiiin!», und Roswitha sagt: «Hat deine Freundin einen an der Hacke?» Wir saugen vorsichtshalber an diesem Tag nicht, aber da öffnet Frau L.s nigerianischer Untermieter weit seine Fenster und spielt afrikanische Musik. Wer sind wir, ihm das zu verbieten?

6/95

Privatestes im Fernsehen

ALSO ... wenn ich das richtig sehe, dann ist die Ära des Outings schon wieder vorbei – man outet nicht mehr, auch nicht sich selbst, man geht in eine «Talkshow». Ach, was war das für ein Schock, als sich vor Jahren Nina Hagen (nicht Madonna oder Michael Jackson!) in einer Talkshow zwischen die Beine faßte und das demonstrierte, was der vornehme Fritz J. Raddatz in der «Zeit» so schön «partnerloses Glück» nannte, also Selbstbefriedigung. Ein Aufschrei ging durch die Wohnstuben, und wenn ich mich recht erinnere, wurde der Redakteur damals gefeuert, oder der Moderator, egal, es war jedenfalls absolut unüblich, mit so was Privatem die Öffentlichkeit zu erschrecken. Dann kam die Outing-Welle, wer ist nun schwul, wer nicht, warum und wie lange schon und mit wem? Der unbeschreibliche Wigald Boning verfremdete diese Hysterie auf seine Weise, indem er brave ältere Bürger auf der Straße mit dem Mikrofon und der Frage überfiel: «Was halten Sie von heterosexuellen Menschen?» Die Antworten lagen zwischen «Von mir aus soll jeder glücklich werden mit seiner Veranlagung» und «Solche Schweine sollte man einsperren». Köstlich und erschreckend zugleich wurde hier deutlich, daß die Mehrzahl der Leute völlig hilflos ist angesichts der Flut von Nachrichten aus dem sexuellen Triebleben. Das dürfte nun allmählich vorbei sein. Jeden Nachmittag und an vielen Abenden gehen normale Menschen wie du und ich in Sendungen, in die normale Menschen wie du und ich eben eigentlich nicht gehen (sollten), um da vor Publikum zu erzählen, wie sie jahrelang vom Vater mißbraucht wurden, Sex mit dem Hofhund hatten oder warum sie nur Männer mit Ringen in den Brustwarzen lieben können. Ein Bekenntnisdrang wider alle Scham ist ausgebrochen, das öffentliche Fernsehen als Beichtstuhl, der Moderator als Anlaufstelle, sich mal auszusprechen – was für eine Perversion, was für ein menschliches und gesellschaftliches Armutszeugnis, daß das die Dinge sind, die uns unterhalten! Warum sind Menschen bereit, sich für 100000 Mark bis an die Grenzen demütigen zu lassen? Warum heiraten zwei Menschen, die sich lieben, öffentlich im Fernsehen, warum benutzen verfeindete Parteien das Fernsehen, um sich wieder zu vertragen? In der Masse der Menschen muß sich der einzelne sehr verloren vorkommen, wenn er dazu bereit ist, für einen Moment des Ruhmes, ach was, der fragwürdigen Popularität sein Intimstes nach außen zu kehren. Mir kommt das vor wie die Erweckungsschreie vor dem Altar gewisser Sekten – es sind wohl Hilfeschreie, weil eben so gar nichts erweckt und erhellt ist. Hier bin ich mit meinem Elend, was soll ich tun? Und das Fernsehen sendet, und wir schauen zu, und das Elend bleibt das gleiche, eher erhöht es sich noch, denn am nächsten Morgen muß man ja wieder zum Bäcker. Andy Warhols berühmter Satz, daß jeder 15 Minuten lang berühmt sein wird, erweist sich auf makabre Weise als wahr. Sie haben Ihre Mutter verprügelt? Inzest mit Ihrem Bruder getrieben? Sie sind Exhibitionist, wahlweise Kleptomane? Gerade richtig für die Nachmittagsshow, wir konsumieren jedes Schicksal, und war das nicht klasse, wie Cindy Crawford und Richard Gere in einer Zeitungsanzeige für 20000 Pfund beteuerten, sie seien NICHT bisexuell? Schöne neue Zukunftsperspektive: jeden Morgen das Bekenntnis des Tages in der Zeitung. Ich fang an: Hiermit gestehe ich, daß ... den Deubel werd ich tun!

7/95

... und was wir alles nicht brauchen!

ALSO... so viele liebevolle Zuschriften wie auf meine doch eher griesgrämige Kolumne darüber, was mir alles fehlt, kamen selten! Und ich picke mir ein paar Ihrer Briefe heraus, um zu ergänzen, was Ihnen darüber hinaus noch fehlt: die gestürzten Vanille-Puddings und die gleichen Förmchen für den Sandkasten! Die Gaslaternen, die böse Buben mit einem kräftigen Zug am Haken ausschalten konnten; ach, die Rollschuhe mit den Metallrädern, die man mit Einmachgummis um die Schuhe herum befestigte und die man dauernd stramm nachstellen mußte mit einem Schlüssel, den man um den Hals trug; die Knicker oder Klicker oder Murmeln aus abgeschabtem Ton, gegen zehn davon gab's eine aus Glas – kennen Kinder das heute noch? Gibt's noch Brummkreisel? Wo ist der kleine Holzroller mit den scheppernden Eisenrädchen? Jede Zeit hat ihr Spielzeug, aber, auch das haben mir viele von Ihnen geschrieben, jede Zeit hat auch ihre Scheußlichkeiten, die uns so gar nicht fehlen, und davon soll heute die Rede sein – von dem, was auch damals schon scheußlich war, und davon, was auch heute und gerade heute ziemlich überflüssig ist: die Lastexhose!!!! Da ist sie wieder, stramm und mit Steg, damals so schauerlich wie heute, und von mir weiß man ja, daß ich Strapse so ziemlich für die blödeste aller Erfindungen halte – vielleicht kommt das noch aus der Zeit ekelhafter Leibchen, an denen braune Kratzestrümpfe befestigt waren? Gab es eigentlich damals auch schon Einwegprodukte? Nein, ich sehne mich nicht nach Tante Hildes umhäkelten Taschentüchern zurück, ich begrüße sehr die Erfindung des Papiertaschentuchs, aber eine Einwegkamera – braucht man die wirklich? Und braucht man in

einem normalen Haushalt Duftblöcke im Klo, damit es riecht wie
ein Veilchenpissoir im Frühling? Überhaupt ist das Klo ständig
Zielscheibe neuer Werbeeinfälle – die WC-Ente muß her (muß
sie?) und das feuchte Klopapier, sonst aber bäh! Und daß die Familie Mutti nicht mehr liebhat, wenn die Handtücher kratzen
(auch die im Klo) – das weiß man ja. Weichspüler muß einfach
sein! Muß er? Ganz ehrlich und Hand aufs Herz: Nach einer privaten Umfrage im Freundeskreis gibt's kaum etwas, wovor sich die
meisten so geradezu schütteln und ekeln wie vor diesen labbrig-
weichen, nach irgendwas duftenden Frotteetüchern. Die müssen
kratzen, und die Umwelt, die auf dem letzten Loch pfeift, kann
auf Weichspüler auch pfeifen. Ich frage mich manchmal, warum
sich Verbraucher so viele Produkte eigentlich einreden lassen und
nicht mal irgendwann laut und deutlich sagen: Das brauchen wir
nicht, das wollen wir nicht. Wir finden immer neue Zahnpasten
mit immer neuen bunten Streifen ebenso idiotisch wie ständig
veränderte, verbesserte (?) Staubsauger oder sonstige Geräte, für
die man nach zwei Jahren schon kein Ersatzteil mehr kriegt, und
reparieren ist teurer als neu kaufen. Ja, ja, davon lebt die Wirtschaft, von der Laufmasche, dem abgefahrenen Reifen, von Rost
und Verschleiß. Aber grotesk ist es schon. Überfluß produziert
immer neuen Überfluß, Reich wird immer reicher, Arm immer
ärmer, das, was wir angeblich alles brauchen, immer lächerlicher.
Duftklötze im Klo! Irgendwie, wenn man mit klarem Verstand
darüber nachdenkt, irgendwie faßt man es nicht. Man seufzt,
nimmt den Pudel, läßt ihm das Fell scheren und steckt ihn dann in
ein rotes Pullöverchen, damit er nicht friert. Wann hat das eigentlich angefangen, daß wir so dämlich wurden? Und: Sind wir zu
heilen?

8/95

Übers Kranksein

ALSO... das ist eine uralte Wahrheit: daß man erst weiß, was Gesundsein bedeutet, wenn man krank ist. Bei den Zahnschmerzen fängt es an – kann man jemandem Zahnschmerzen beschreiben, der keine hat? Unmöglich. Man wußte ja vor zwei Stunden selbst noch nicht, wie entsetzlich weh so ein Zahn tun kann, und jetzt kann man an nichts, nichts anderes mehr denken – der Zahn ist das wichtigste geworden auf der Welt, der Zahnarzt, sonst eher gemieden, der einzige Freund, den man noch hat. Mit anderen Schmerzen ist es ähnlich – sie überdecken alles, was sonst noch da ist, Beruf, Liebe, Pläne – Schmerz ist stärker, und, wenn man Glück hat, ist er zu beheben. Jeder kennt aber auch das klägliche Gefühl, in die Arzt- oder Krankenhausmaschinerie zu geraten, aus welchen Gründen auch immer – die wirklich schwere, plötzliche Krankheit, die chronische Krankheit, wegen der man von Pontius zu Pilatus geschickt wird, Untersuchungen, Apparate, warten, trostlose Flure. Angst, Stille, herumhuschende Schwestern und Ärzte, die nichts sagen, alle sehr beschäftigt. Plötzlich ist man eine Versicherungsnummer, ein Fall. Hier, Kontrastflüssigkeit trinken. Da rein, ausziehen. Schmuck ablegen. Warten. Bitte hier hinlegen. Achtung. Jetzt nicht atmen. Die Röhre, die Einsamkeit im Röntgenzimmer, die Schwestern und Ärzte hinter Glasscheiben. Danach das knappe Gespräch mit dem Doktor: Wir schicken Ihrem Hausarzt einen Bericht, sehr seltsam, ja, aber nicht beunruhigend – oder doch beunruhigend? Man ist ängstlich, klein, fühlt sich entmündigt. Man ist immer noch nüchtern, und jetzt ist es gleich halb zwei. Vor der Toilette warten noch drei andere, kommen mit Urinfläschchen heraus. In einem normalen Wartezimmer beim Hausarzt gibt es noch Gespräche, über den Doktor, die jährliche Grippewelle, was man bei dauerndem Blasenkatarrh am besten macht. In den Instituten mit den teuren Apparaten gibt es nichts mehr. Warten und dann in Raum sechs. Und man hat viel Zeit, an all die neckischen Arzt- und Krankenhausserien zu denken, die uns das Fernsehen so reichlich beschert, wo hinter den Kulissen die Oberschwester gegen die Nachtschwester kämpft und der zynische Arzt letztlich dann doch gegen den grundguten verliert. Sitzt man erst selbst da auf einem dieser Stühlchen in den Krankenhaus- oder Laborfluren, ist nichts Neckisches mehr weit und breit, nur das Gefühl grenzenlosen Ausgeliefertseins. Alles, alles gäbe man, wäre man nur hier erst wieder raus, und das noch dazu mit günstigen Befunden. Und alles, alles ist sofort vergessen, wenn man draußen ist – mit günstigen Befunden. Denn nichts ist doch so selbstverständlich wie Gesundheit: atmen, essen, aufs Klo gehen – wenn alles funktioniert, denkt man keinen Moment darüber nach; wenn nicht, ist man solidarisch mit den Elenden. Das ist aber mächtig schnell wieder vergessen. Nein, nicht mehr. Je älter man wird, desto mehr gewöhnt man sich an den Gedanken, zerbrechlich zu sein. Das Selbstverständliche wird kostbar. Und eigentlich wünsche ich mir nur noch, daß all die schneidigen jungen Ärzte kurzfristig wenigstens auch einmal Patienten sind – nüchtern bis mittags, mit hinten offenem Hemdchen im Bett und der Schwester, die fragt: «Na, wie geht's uns denn heute?»

9/95

Über das Frau-Sein

ALSO... ich hab immer ganz besonders den Witz geliebt, wo ein Mann in die Kneipe kommt, sieht vier Frauen zusammen an der Bar sitzen und fragt: «Naaa? So ganz allein?» Ja, so ganz allein, ohne euch göttliche Männer, was soll man machen! Hilde ist nach 23 Jahren Ehe geschieden, weil Harald was Junges gefunden hat. Rosi ist einfach zu dick. Christine hat immer die falschen Männer, die bleiben ein halbes Jahr, zocken ab und sind weg. Irina lebt getrennt. Juttas Mann arbeitet in einer anderen Stadt. Franzi findet einfach keinen. Der von Kathrin ist so grenzenlos doof, den darf sie bitte nicht mitbringen, den kann keiner ertragen. Ja. Und so sitzen sie da, lauter gestandene, gute Frauen, klug, lustig, alles da von magersüchtig bis dick, alle haben einen Beruf, alle haben oder hatten Männer, Beziehungen, Affären, und alle sind jetzt mehr oder weniger allein. Sie haben Spaß miteinander, lachen, sind unterschiedlich fest oder locker befreundet miteinander, sind sich gute Nachbarinnen oder Kolleginnen, kein Gezicke, Frauen gehen heute ganz anders miteinander um als früher, schönstes Ergebnis der Frauenbewegung, Ausnahmen lassen immer grüßen. Da sitzen wir nun, neun Frauen, feiern einen Geburtstag, haben Männer, Beziehungen, Affären nicht mit eingeladen – und worüber reden wir? Über Männer, Beziehungen, Affären. Kannst du dich noch an diesen dämlichen Kulturredakteur erinnern, mit dem ich ...? Soll ich dir sagen, mit wem der jetzt ...? Du glaubst es nicht! *Gelächter, Gekreische, keine Eifersucht, kein Neid, keine Häme.* Frauen reden offen über ihre Verletzungen, Träume, Probleme, vielleicht nicht in jeder Gesellschaft, aber ich hab es in den letzten Jahren immer wieder wohltuend erlebt – über Einsamkeiten, Traurigkeiten, Fremdgehen, über Verlassensängste, Wechseljahre, Wülste an den Hüften, über Sex und das

Fehlen davon kann man unter Frauen wunderbar reden. Alles ist so unkompliziert, und jede kennt das ja – sich zu verlieben, verlieren, zu verzweifeln. Aber dann. Dann kommt ein Mann ins Lokal, guckt rum, taxiert, o doch, streitet es nur ab, ihr tut es immer noch, ihr seht sofort, wer von uns die Schönste ist, wer die Dickste, wer zu kriegen wäre und welche man gar nicht erst kriegen will – ihr seht es und ihr zeigt es uns, und die Signale kommen an. Nein, da kann noch soviel geübt und emanzipiert werden: Mit den Männern und den Frauen ist es ein ewiges Kreuz – die Ausnahme, wenn es klappt, nicht die Regel. Die Balzrituale sind anders, die Signale, wahrscheinlich auch das Selbstbewußtsein, immer noch, in einen Raum zu stolzieren. Für einen Moment sitzen wir Frauen etwas betreten, dann haben wir uns wieder gefaßt. Und tief drinnen wissen wir ja: Auch viele prächtige Männer im besten Alter sind allein, wo kämen sonst all diese Heiratsanzeigen und die hungrigen Blicke her. Sie sind sogar noch alleiner als die Frauen, denn ich glaube nicht, daß es unter Männern diese schönen Klatsch- und Lach- und Erzähl- und Hilfezirkel gibt wie unter Frauen. Nachbarin, mir ist so elend, komm mal rüber und bring Wein mit ... machen Männer das auch miteinander? Oder klärt der kernige Mann Seelentiefs ganz allein mit seinem Whisky?

10/95

Schwimmen

ALSO... Schwimmen wäre wirklich gesund für meinen Rücken, und so raffe ich mich denn auch manchmal auf. Ach! Es ist alles so fürchterlich. Da riecht es schon die letzten zwanzig Meter vorm Schwimmbad nach Chlor, und wenn man die energische Dame im weißen Kittel an der Kasse sieht, würde man am liebsten gleich wieder umkehren. Und dann die Auszieherei! Immer hat man zuviel an und wurstelt sich aus T-Shirts und Pullovern, nestelt Strumpfhosen und BHs herunter, weiß nicht, wie man all das in den viel zu engen Klamottenspinden unterbringen soll. Nun steht man barfuß auf den nassen Fliesen, nebenan wringt eine ihren Badeanzug aus, Kinder schütteln sich wie nasse Hunde, und man friert. Schnell in den Badeanzug, die eklige Gummimütze auf den Kopf geklemmt, und dann soll man ja vorher duschen. Warm geht noch, aber man muß sich überwinden und es kalt rauschen lassen, sonst friert man sich gleich im Wasser zu Tode. Noch mal aufs Klo? Wie ekelhaft, mit bloßen Füßen, und warum stinkt es immer so, ziehen die alle nicht ab? Den Badeanzug ganz runtergezogen, sitzt man da nackt und frierend, und das alles soll nun gesund sein? Der Sprung ins Becken kostet Überwindung, dann aber stellt sich das wunderbare Gefühl der Beinah-Schwerelosigkeit im Wasser ein. Nicht lange, denn zwei Wahnsinnige kraulen genau in deiner Bahn, du mußt um dein Leben tauchen, um ihnen zu entkommen, und landest bei den Rentnern, die gerade und stur und unerschrocken ihre Bahnen schwimmen, nicht rechts, nicht links ausweichen. Nebenan sind die Kinder, die sich untertauchen, naßspritzen, verfolgen, es ist schwer, eine Lücke und eine Linie fürs eigene Vorwärtsschwimmen zu finden. Jedes Geräusch hallt laut, der Chlorgeruch ist unangenehm, die Augen röten sich. Eigentlich mußt du rückenschwimmen, hat der Arzt gesagt, aber wie denn, in diesem Getümmel? Wie sieht man, auf wen oder was man zuschwimmt? Ausweichen wird sowieso niemand. Und dann die Tapferkeitsproben, noch vier Bahnen, noch drei, jetzt mal in fünfzehn Zügen statt in zwanzig, so, und jetzt raus. Wieder duschen, anziehen, sich mit den nassen Strähnen unter einen Fön klemmen. Keinen Groschen dabei für warmen Wind, also Mütze über die Ohren und nichts wie weg hier. Das dauert lange, bis ich freiwillig wieder schwimmen gehe! Schon sowieso, weil meist eine Pilzinfektion die Begleiterscheinung eines Ausflugs ins städtische Schwimmbad war. Ein bißchen schöner geht es zu im guten alten Freibad: da sind noch knackig braune Bademeister in knappen Höschen, da tut sich im Wasser wenig, weil alle auf der Liegewiese sind und Eis essen oder Radio hören, da kann man in der Sonne trocknen und ein Bier dazu trinken, und das Gesundheitsprogramm fällt nicht ganz so schwer wie im Hallenbad, wo das Kondenswasser an den beschlagenen Scheiben trostlos wie Tränen herunterrinnt und die Bademeister gellend auf der Pfeife blasen, wenn jemand vom Rand ins Becken springt. Einziger Nachteil im Freibad: die Jünglinge, die auf kleinen Handtüchern liegen und mitleidlos jede weibliche Figur mustern, katalogisieren und bewerten. Da kriegst du ganz schlechte Karten, und das fällt im Hallenbad dann doch nicht so auf.

11/95

Menschen im All

ALSO ... warum wird eigentlich zur Zeit wieder soviel im Weltall herumgeflogen? Ja, auch unser Ulf Merbold war wieder mal oben, ja, und sogar Frauen dürfen mittlerweile schon mit, und irgendwelche Herren haben soeben den Rekord «Menschen im All» gebrochen, 15 Monate oder so waren sie oben, hat Millionen gekostet, und ich denke immer, Rußland hätte andere Sorgen? Die Teflonpfanne, köstliches Beiwerk der Raumfahrt, und die kälteisolierte Einlegesohle (silberne Seite nach unten!) haben wir nun doch schon, wozu denn also immer noch da oben rumgurken? Ich versteh's nicht. Gut, immer neue Satelliten sollen für immer schöneres Fernsehen sorgen, wir können nun auch in der kleinsten Hütte zwanzig Programme gucken, und wenn die nächste Schüssel hochgeschossen wird, vielleicht sogar dreißig, vierzig, aber wäre es denn nicht irgendwie sinnvoller, wenn das Fernsehen besser würde anstatt mehr? Und all die anderen Weltraumreisen – was sollen sie bringen? Warum muß ich wissen, ob sich Würmer im All vermehren und ob der Mensch in der Schwerelosigkeit auf Dauer einen Dachschaden kriegt? Suchen wir Lebensraum da oben für die Zeit danach, wenn hier unten endgültig alles kaputt ist? Suchen wir intelligentes Leben im All, wenn schon auf der Erde so wenig davon ist? Und woran würden wir intelligentes Leben erkennen? Andersrum gedacht: Wenn irgendwelche kleinen grünen galaktischen Männchen ebenso im Weltraum herumsurfen und -suchen wie wir, und die fangen plötzlich, sagen wir, die Thomas-Koschwitz-Show auf – halten sie das dann für Zeichen von Intelligenz, oder sausen sie in die Tiefen der Galaxis zurück, so schnell sie können? Weltraumserien erfreuen sich im Fernsehen größter Beliebtheit, ob es nun die alten sind mit Dietmar Schönherr im Silberanzug und Eva Pflug mit toupierter

Frisur – auch im All allzeit gepflegt! – oder die mit dem Herrn mit den überlangen Ohren. Oder ob es neue sind, wo der Commander schon mal schwarz sein darf, ob es Star-Trek- oder E.-T.-Filme sind – die Menschen wollen ins All reisen, Odyssee 2001 und mehr, warum? Auf der Suche nach der besseren Welt? Oder als Beweisführung: das beste sind wir, da kommt auch in Jahrmillionen nichts Tolleres mehr nach? Und dafür geben wir so viel Geld aus? Oder sind es heimliche Kriege, die da vorbereitet werden – wie in den Science-fiction-Romanen meiner Jugend, in denen Weltraumflieger immer nur unterwegs waren, um Unterwesen im All zu bekämpfen, zu vernichten, ihnen zu zeigen, wer Herr des Universums ist, und um auf dem Mars rasch eine Würstchenbude aufzustellen, ehe es die Konkurrenz tut? Einzig die Bemühungen des Vatikans verstehe ich. Der Vatikan baut auf einem hohen Berg in Arizona eine Sternwarte, um besser in den Himmel gucken zu können. Schließlich hat Moses ja auch Gott auf einem Berg gesehen, na, fast gesehen, aber zu ihm gesprochen hat der Herr. Das neue Vatican Advanced Technology Telescope (Vatt) will der Entstehung des Universums auf die Spur kommen. Nanu? Glaubt man nicht mehr an die Schöpfungsgeschichte? Vielleicht wollen die frommen Kirchenmänner aber auch nur im Weltraum nach Heiden suchen, die darauf warten, missioniert zu werden.

12/95

Was mich verrückt macht...

ALSO ... es gibt im Leben glückliche und unglückliche Konstellationen – manches klappt bei manchen einfach immer, und genau da ist bei anderen der Wurm drin. Da könnten wir jetzt bei Jugend, Elternhaus, Kindheit beginnen – selbst wenn das alles wunderbar war, ist noch lange kein glückliches Händchen – etwa mit den Männern – garantiert. Oder machen wir es einfacher: der eine hat eine ausgesprochen glückliche Hand mit Autos, der andere fällt auf eine Schrottkiste nach der andern rein, warum? Warum gibt es Frauen, die zielsicher einkaufen können, und alles paßt zusammen, Stil und Farbe stimmen, und bei anderen ist das Blau eben gerade haarscharf daneben, die Schuhe sind eben doch eine halbe Nummer zu klein, und mit dem Mantel, der im Laden noch so toll aussah, hat man sich zielsicher «verkauft» – beliebter Ausdruck für solch immer wiederkehrendes Elend: Ich tu mich auch schwer mit Klamotten, mir passieren im Moment der Leidenschaft etwa für violetten Pannesamt fatale Fehlkäufe, niemals würde ich hinterher in diesem kardinalslila Fräckchen herumlaufen, aber weiß der Himmel warum: an DEM Tag mußte es sein. Gut, das läßt sich irgendwie noch erklären, aber jetzt kommt eine Leidensgeschichte besonderer Art. Es gibt zwei Gegenstände, die ich in meinem Leben oft, geradezu dramatisch oft brauche und mit denen ich noch nie Glück hatte – sie funktionieren nicht oder sind zu anfällig oder zu kompliziert, sie gehen kaputt und sind nicht zu reparieren, sie machen mich verrückt, weil ich mich bei ihrem Gebrauch immer nur auf eines verlassen kann: daß ich mich nicht auf sie verlassen kann. Ich rede von Staubsaugern und Schreibmaschinen. Ich habe noch nie im Leben einen gut funktionierenden Staubsauger oder eine zuverlässige Schreibmaschine gehabt, mit diesen beiden Apparaten stehe ich auf einem grimmi-

gen Kriegsfuß, und wehe, Staubsauger- oder Schreibmaschinen-
fabrikanten schicken mir jetzt einschmeichelnde Briefe oder
schönfärberische Prospekte, weg mit euch, ich kenne euch alle,
habe über jedes eurer Produkte schon die Nerven verloren. Staubsauger sind entweder zu groß, zu unhandlich für Treppen oder
ungeeignet, Katzenhaare wirklich vom Teppich zu bekommen.
Niemals funktioniert nach längerem Gebrauch die Nummer mit
dem Kabel, das sich angeblich automatisch einrollt. Oft gibt es
nach einiger Zeit die Tüten für diesen Typ nicht mehr. Die Ver-
längerungsstangen ALLER Staubsauger rutschen bei der Arbeit
rein, so daß man irgendwann kniend saugt. Aber das ist noch gar
nichts gegen Schreibmaschinen, die man nicht versteht, deren
Rand sich nicht einstellen läßt, deren Korrekturtaste statt eines
Buchstabens eine ganze Wortreihe wegmäht, die plötzlich nach
einem halben Jahr Gebrauch eine ganze Seite nie geschriebenen,
auch nie gesehenen Textes ausspuckt, der irgendwo (?) im Speicher (?) war und ans Licht kommt, weil man aus Versehen auf eine
bestimmte Taste (welche?) gedrückt hat. Ich habe die bittersten
Tränen meines Lebens über nicht funktionierende Schreibmaschinen geheult, wenn ich doch gerade DIE ultimative Idee für den
deutschen Nachkriegsroman oder auch nur ein schlichtes ALSO
hatte. Nichts ging. Und dann sagt der Mann von der Firma: «Reparieren lohnt sich nicht, schmeißen Sie sie weg.» Ich komme auf
etwa 13 weggeschmissene Schreibmaschinen, der Satan, auf dem
ich hier gerade schreibe, ist Nr. 14. Ich muß damit leben. Dafür
habe ich Glück in der Liebe. Auch was wert.

13/95

Dienstleistungen

ALSO... was zum Teufel ist eigentlich los mit dem sogenannten Dienstleistungsgewerbe? Oder, anders gefragt, haben
wir überhaupt noch so ein Dienstleistungsgewerbe, oder ist alles
automatisiert bzw. Selfservice? Hilfe, ist noch irgendwo ein
Mensch, den man um Rat fragen, den man um Beistand bitten
kann, wenn man den Tankdeckel eben nicht öffnen kann, weil
sein Mechanismus so kompliziert ist, jemand, der mal den Öl-
stand oder den Reifendruck prüft an Tagen, an denen wir sowieso
mit allem überfordert sind? Nein, niemand da. Wir fahren bei der
Tankstelle vor, tanken, dann bitten wir den Onkel an der Kasse,
einen neuen Scheibenwischer aufzuziehen. «Wie soll ich denn»,
gähnt er, «ich kann doch hier nicht von der Kasse weg.» Wir bringen unsere leeren Flaschen zum Kiosk zurück. Die Kioskwirtin
sitzt drin und sieht auf ihrem Minifernseher, wie sich Uschi Glas
als Kieswerkswitwe abrackert. «Drei Sprudel, zwei Bier», bestellen wir. Sie sieht nicht mal hoch. «Nehmse sich, da aussem Kasten», sagt sie. Die Stimmung sinkt, aber wir waren ja noch nicht
in der Reinigung, den Trenchcoat abholen. «Der dicke Fleck ist ja
noch drin!» rufen wir empört. Die Fachkraft überwindet sich mit
Mühe, schaut einmal hin und nickt: «Tatsächlich, nicht rausge-
gangen.» – «Ja, und?» – «Ja, was, und?» – «Was jetzt?» – «Ja,
wenner nich rausgeht, gehter nich raus, was soll ich denn da machen?» Salomonische Antwort, und solche Antworten bekommen wir in letzter Zeit öfter. Früher kannten wir nur in Lokalen
beim Bestellwunsch das klassische «Kollege kommt gleich, ist
nicht mein Revier». So was häuft sich: Niemand hat mehr irgendwo irgendein Revier, niemand kommt, und wenn wir statt
Pommes frites lieber Reis zur Bratwurst haben wollen, sagt der
Kellner: «Geht nicht, wie soll ich das denn bongen.» Brauchen

wir eine Auskunft, sagen wir, beim Kauf eines komplizierten Gegenstandes technischer Natur, dann geraten wir mit Sicherheit an eine freundliche Dame, die sagt: «Weiß ich auch nicht, tut mir leid, aber ich bin hier nur die Urlaubsvertretung.» Besonders praktisch ist so was, wenn man z. B. einen Computer kaufen will und da ja nun wirklich ausführliche Fachberatung braucht. «Nein», sagt der dicke Mann, «ich bin hier alleine, ich kann jetzt hier nicht weg, wennse wissen, wasse wollen, könnse ja wiederkommen.» Ja, vielen lieben Dank. Wir brauchen Bettwäsche 1,55 m mal 2,20 m, aber es gibt niemanden, der sie uns oben aus dem Regal holen würde. Der Handwerker fängt ohne Vorkasse gar nicht erst zu arbeiten an, und die Bank bittet mich, mein Geld doch lieber aus dem Automaten zu ziehen, als am Schalter zu holen, denn die Angestellten haben weder Lust noch Zeit für ein Schwätzchen. Wir leben mit Automaten und Einmannbetrieben, kleine Handreichungen oder Abweichungen vom genormten Programm sind nicht mehr drin. Auch unsere Möbel kaufen wir im Bausatz, aber wenn wir zu Hause mit dem Zusammenbauen nicht klarkommen und laut aus dem Fenster «Hilfe!» rufen, nein, dann ist da niemand, der uns hört.

14/95

Der günstige Augenblick

ALSO... Christa ist immer zu spät, Inge immer zu früh. Beides ist gräßlich, wenn man für sie kocht. Bis Christa kommt, ist alles zu Matsch verkocht, wenn Inge kommt, hat man wahrhaftig noch keine Zeit für sie, sondern würde gerade diese zehn Minuten zum Aufbrezeln im Bad dringend brauchen. Der richtige Augenblick! Wann ist der, wenn man um neun Uhr zu einer Party geladen ist? Um neun ist er nicht. Um zehn? Warum wird dann nicht gleich auf zehn Uhr eingeladen? Ganz einfach, weil dann alle um elf kämen. Es ist sehr kompliziert. Wenn das Kino um acht Uhr anfängt, ist es völlig falsch, um acht Uhr da zu sein: man muß sich dreißig Minuten und mehr Autohauswerbung, Idiotisches über die örtliche Tageszeitung und Vorschauen auf den «Terminator» ansehen. Dann muß man Eiscreme kaufen, dann kommt noch eine Vorschau, dann, um zwanzig vor neun, fängt vielleicht der Hauptfilm tatsächlich an. Wehe aber, man kommt dazu auch nur drei Minuten zu spät – den Film kann man vergessen. Nichts ist schlimmer, als in ein dunkles Kino zu kommen, in dem der Hauptfilm schon angefangen hat – du hast mit Sicherheit die wichtigste Szene verpaßt, in der die Frau nämlich den Mann gerade angeschrien hat: «Und überhaupt ist Greta gar nicht deine Tochter!», und die Tochter hat das Haus weinend verlassen. Du siehst eine heulende Tante durch blühende Natur fahren – warum heult sie? Du wirst es nie erfahren, du warst zu spät. Oper und Theater sind rigoros und lassen Nachzügler nicht mehr rein. Im privaten Kreis kann man das nicht machen. Das Essen ist zusammengefallen, da kommt Christa angehetzt, eine Dreiviertelstunde zu spät. Wirft man sie raus? Ist man beleidigt? Bedeutet eine Dreiviertelstunde so viel, im Hinblick auf ein langes Leben? Nein, aber im Hinblick auf ein Abendessen. Ich gebe zu, daß ich furchtbar pünktlich bin – getrimmt durch Jahrzehnte bei Radio und Fernsehen, die Nachrichten sind immer um Punkt, da kann man nicht zu spät kommen. Kann man nicht? Für keine wichtige Meldung, keinen Krieg, keine kulturelle Veranstaltung werden Nachrichten und Sendungen verschoben, aber immer gern für Sport: Tennis, Fußball, aber ja! Verschieben wir die Tagesschau, ist doch selbstverständlich! Nein, es ist empörend. Ist so empörend wie das Einkaufen der Rentnerin oder der Hausfrau mit Zeit nach 17 Uhr, wenn die Berufstätigen darauf angewiesen sind – in diesem Land mit seinen rückschrittlichen Ladenschlußgesetzen. Die meisten Menschen, scheint mir, machen sich über Zeit und Zeiteinteilung nicht die geringsten Gedanken. Aber die sind mir letztlich lieber als ein Thomas Mann, der sich ein Leben lang um Punkt halb acht wecken ließ und auch sonst nach dem Korsett der Uhr lebte, oder als die, die um Punkt zwölf Uhr mittags den Griffel hinlegen, «Mahlzeit!» schreien und in die Kantine gehen. Dann schon lieber Walter, der sich um drei Uhr nachmittags mit «Guten Morgen!» am Telefon meldet. Zeus hatte einen jüngsten Sohn, der soll Kairos geheißen haben und der Gott des günstigen Augenblicks gewesen sein. Das ist es: der günstige Augenblick! Für die entscheidende Frage, für die letzte Zigarette, fürs Aufstehen und fürs Arbeiten, für die Party und das Umwenden des goldbraunen Pfannkuchens. Es ist eine Gabe wie Musikalität oder der grüne Daumen, ob man für den günstigen Augenblick ein Gespür hat. Faust wußte das: «Werd' ich zum Augenblicke sagen: Verweile doch, du bist so schön! Dann ...» Dann. Für immer gerettet, für immer verloren. Und während ich das schreibe, warte ich seit einer halben Stunde auf Christa. Wir wollten eigentlich ins Kino.

15/95

Fernsehwerbung

ALSO ... natürlich muß die Fernsehwerbung sein, sonst lassen sich all die Programme, die wir sehen wollen (wollen wir wirklich?), nicht herstellen. Und ich finde manche Werbungen auch höchst köstlich, zum Beispiel die mit der jungen Frau, deren Gläser dreckig sind, und nun kommt der Nachbar. Am Melitta-Mann scheiden sich die Geister, und Prominente, die Spülmittel, Nudeln, Parfüm oder Waschpulver anpreisen, die kann niemand ausstehen. Da schalten wir schreiend ab, geraten aber, wenn wir Pech haben, im Nebenkanal an die Freundin, die ihrer Freundin gerade die ultimative Damenbinde anpreist. Also, Werbung muß sein, kann komisch sein, kann ein kleines Kunstwerk sein. Aber, aber. Da sehen wir uns neulich in einem privaten Kanal den Film «Rain Man» an. Nein, wir versuchen, ihn uns anzusehen. Es geht nicht. Er ist mit fünf Werbeblöcken à zehn Minuten gespickt, die seine Gesamtlänge um eine runde Stunde aufblasen. Wir kommen in keinen Erzählrhythmus, in keine richtige Stimmung, denn alle nasenlang wird wieder für ein Auto, ein Tiefkühlgerät, einen Snack zwischendurch, für die glückliche Margarine in der glücklichen Familie und das richtige Erkältungsmittel geworben, und im Laufe des Abends müssen wir insgesamt 18mal unsern Arzt oder Apotheker fragen oder doch wenigstens die Packungsbeilage lesen. Wie will man die Poesie eines Filmes dabei erfassen, seine Ruhe und Unruhe gegeneinander abwägen, wie will man sich einer in sich versunkenen Gestalt wie Rain Man nähern, wenn man zwischendurch flotte Autos und spritzigen Sekt angepriesen kriegt? Es geht nicht. Wenn man den Film aufzeichnet, kann man später an den Werbestellen schnell weiterfahren, aber ein Bruch entsteht allemal, der den Kunstgenuß stört. Es wird zunehmend ärgerlicher und unerträglicher, und die meisten dieser Werbespots sind ja auch noch dazu auf dem Niedrigniveau der Billigkataloge. Keiner will das mehr sehen, keiner läßt sich davon wirklich beeinflussen im Kaufverhalten, es kotzt uns einfach nur noch an. Wir wissen, daß im Golfkrieg spektakuläre Angriffe zur besten Sendezeit geflogen wurden, damit die Werbeblöcke gute Einschaltquoten kriegten. Das ist mehr als pervers. Die Fußball-Weltmeisterschaft fand – zumindest mit den wichtigsten Spielen – zu unzumutbaren Tageszeiten statt, die Spieler mußten gegen jede Zeit- und Klimaregel spielen, nur damit das Spiel live zur Hauptwerbezeit im Fernsehen laufen konnte. Bei aufsehenerregenden Boxkämpfen hat der Ringrichter in einer Ecke einen Minifernseher und kann verfolgen, wann die Werbung läuft – entsprechend wird die Runde ein- und abgeläutet. Ja, verdammt noch mal, bei allem Wohlwollen, bei allem Verständnis dafür, daß Werbung sein muß und sein soll, lassen wir denn werbehalber alles mit uns machen? Wer bin ich, da nun etwas zu ändern oder eine Änderung zu fordern! Aber ich bin auch eine Konsumentin. Ich habe beschlossen – und nicht nur ich, wir sind schon ganz schön viele –, mich für die Produkte, die besonders aggressiv, rücksichtslos, aufdringlich beworben werden, in Zukunft nicht mehr zu interessieren. Boykott, die einzige Möglichkeit. Boykott der Werbung, wenn sie läuft – Ton wegdrehen –, und Boykott der Ware, die uns eingehämmert werden soll, als wären wir geisteskrank und könnten nur durch Schokoflocken und Tütensuppen noch gerettet werden. Und wieder ins Kino gehen. Da hat Rain Man noch eine Chance.

16/95

Männer und Sport

ALSO... der Zeitung entnehme ich heute morgen, daß Deutschland seit Michael Schumacher im Formel-1-Fieber ist. Na, prima. Mich persönlich kann man a) mit Michael Schumacher und b) mit Formel 1 jagen, aber wenn ganz Deutschland angeblich von beiden so begeistert ist, sollte es mir immerhin Anlaß zum Nachdenken sein. Da rasen junge Männer mit 300 Sachen im Kreis rum, um – ja, um was? Sport zu treiben? Hahaha. Ihren Blondinen zu imponieren? Ach nein, um wichtige Neuerungen für die Autoindustrie zu testen. Geschenkt, alles dummes Zeug, testen kann man einen Reifen auch anders. Es ist im Zeitalter der Millionen Verkehrstoten und der Umweltverschmutzung, des Lärms, der Naturverschandelung, der Luftbelastung ein idiotischer Atavismus, diesen «Sport» genannten Unfug, der sich Autorennen nennt, immer noch zu betreiben und den Zuschauern einzureden, nun seien sie «im Fieber», weil ein Bub aus der deutschen Provinz unter den Schnellen der Schnellste ist – wie auch immer. Unfälle? Tote? Ach was, neue Überrollbügel, verstärkte Streckensicherung, und los geht's wieder mit Lärm und Krach und Dreck, Angeberei, Champagnergespritze und allem, was dem Manne wichtig und heilig ist. (Ich weiß, von welcher Afferei ich rede, mein Vater ist Motorradrennen auf dem Nürburgring gefahren. Gräßlich für die Familie.) Und was Michael Schumacher im Herumrasen, das ist Henry Maske im Zuschlagen. Ja, ja, ich hör euch schon, ihr intellektuellen Männer, je klüger und je mickriger ihr seid, desto begeisterter feiert ihr diese letzte große Domäne der krachend echten Männlichkeit, das Boxen, wo sich zwei Jungens mit Fäusten so lange auf die Köpfe hauen, bis einer am Boden liegt und beide einen Dachschaden haben. Deutschland im Boxfieber durch Axel Schulz und Henry Maske, und ach, da sitzen auch viele Frauen am Ring, wie bei der Formel 1 in den Boxen, und gucken noch «echte Männer». Wer schnell Auto fahren und fest zuschlagen kann, läßt das Frauenherz höher schlagen, so scheint es zumindest, und begreifen werde ich das nicht, aber wahrscheinlich bin ich zu spießig und wünsche mir Sport und Männer anders. Fußball ist auch oft doof, muß aber nicht doof sein, und man stirbt oder verblödet auch nicht gleich daran. Doch die Boxorgien, in tiefer Nacht übertragen und von ganzen Familien am Fernseher begeistert verfolgt – für was sind die Ersatz? Weil man selbst nicht zuschlagen darf? Weil der Voyeurstrieb so ausgeprägt ist? Ich weiß, was alles Kluges übers Boxen geschrieben wurde, ich habe es gelesen, aber nichts davon hat mich überzeugt. Es kotzt mich so an wie Männer, die am Stammtisch ihre Erlebnisse aus dem Krieg erzählen. Ich sehe nur aufgedunsene Gesichter, hochgezüchtete Körper, blutig geschlagene Augenbrauen und frage mich, wie pervers Menschen sein müssen, um sich das anzutun oder dabei zuzusehen. Nein, kein Wort zum Stierkampf an dieser Stelle – auch so ein «Sport», ja, ja, aus der spanischen Kultur müssen wir das verstehen. Pardon: einen Scheißdreck müssen wir. Abschaffen müssen wir es. Wir müssen endlich das «sportliche», ritualisierte Abschlachten von schönen starken Tieren abschaffen, die Prügelorgien von Menschen, das tödliche Herumgesause in überzüchteten Autos. Es ist alles Ausdruck unserer aus den Fugen geratenen Maßstäbe. Maßlos. Deutschland im Fieber? Fieber ist auch eine Krankheit.

17/95

Grünkohl «Elke»

ALSO... ich nehme an, daß Prinzeßböhnchen einfach Prinzeßböhnchen heißen, weil sie besonders niedlich sind. Und eine Kartoffel mit Namen Luise wird diesen Namen vermutlich von einer grundguten Bauersfrau namens Luise haben, wie die Rose Caroline eben nach der Prinzessin von Monaco heißt, nach der man leicht auch das Prinzeßböhnchen hätte benennen können. Über manche Speisenamen kommt man ins Grübeln, oder? Richtig lange hat mich umgetrieben, warum der Pfirsich als Nachtisch Melba heißt, Pêche Melba. Wer oder was ist Melba? Ich weiß es. Soll ich es verraten, oder suchen Sie lieber selbst? Filet Wellington... es wird sich um den Herzog von Wellington handeln, entweder hat sein Leibkoch es für ihn erfunden, oder der Herzog trieb Scherze mit seinen im Krieg weichgerittenen Lenden? Cognac Napoléon – klarer Fall. Birne schöne Helene – schon komplizierter. Wenn man eine Birne mit Schokoladensauce überschüttet, wird eine schöne Helene daraus? Ratsherrentopf. So eindeutig wie Kinderteller: weder sind Ratsherren im Topf noch Kinder auf dem Teller, nur Ratsherren dürfen – strenggenommen – den Ratsherrentopf essen, nur Kinder den Kinderteller, der oft «Micky Maus» oder «Peter Pan» heißt, während wir die Tournedos à la Rossini essen, aha! Das ist einfach: Rossini war ein wunderbarer Komponist und ein berühmter Koch, er hat Lendenschnittchen mit Gänseleber und Trüffeln an (an!) Madeirasauce erfunden, und nun heißen die eben so. Soll ich meinen im Freundeskreis höchst beliebten und sehr berühmten und jeden Winter wieder für mindestens zwanzig Personen gekochten Grünkohl nach mir benennen? Darf man selbst benennen? Oder wer benennt, wo muß ich das einreichen, daß guter Grünkohl, mit Gänseschmalz angedünstet, stundenlang gegart, mit Kartöffelchen und westfälischer

Mettwurst verfeinert und mit Muskat gewürzt, in Zukunft «Grünkohl Elke» heißt? Oder, anders gefragt: Will ich wirklich, daß er so heißt? Warum heißt der Leineweberpfannkuchen Leineweberpfannkuchen? (Mein Leibgericht. Kennen Sie nicht? Fragen Sie Ihre Mutter. Meine behauptet, sie hätte den Leineweberpfannkuchen so gut wie erfunden. Vielleicht behauptet Ihre das ja auch?) Toast Hawaii – die Sache ist einfach: Alles, wo oben drauf eine Scheibe Ananas geklatscht ist, heißt Hawaii. Aber warum heißt diese matschige Angelegenheit auf Weißbrot, die man für viel Geld im Intercity-Restaurant kriegt, soweit es ein solches überhaupt noch gibt (danke, liebe Bundesbahn, daß wir wenigstens im Zug noch SITZEN dürfen) –, warum heißt sie Toast Mozart? Was hat der arme Mann falsch gemacht, daß man diese Scheußlichkeit nach ihm benennt? Bœuf Stroganoff – das wird schon so ein Ochse gewesen sein, dieser Stroganoff, Seezunge Kleopatra, geschenkt. Jetzt verrate ich Ihnen in meiner grenzenlosen Güte, warum der Pfirsich als Nachtisch Melba heißt: weil ein Koch sich zu Ehren einer australischen Sängerin namens Nelly Melba ausgedacht hat, Pfirsichhälften mit Vanilleeis und Himbeermark zu verzieren – nur so ist er nämlich echt, der Pêche Melba. Grünkohl Elke. Weltweit. Wär schon schön, oder? Und in Australien schreibt dann jemand eine Kolumne darüber . . .

18/95

Genuß und Zensur

ALSO... ach, was bin ich froh! Vielen Dank, lieber Manfred Köhnlechner! Vielen lieben Dank auch euch, ihr amerikanischen Wissenschaftler, die Ihr insgesamt zwölf Jahre an 1300 Personen getestet und nun herausgefunden habt: drei bis fünf Gläschen Wein täglich sind gesund bzw. senken das Risiko, zu früh zu sterben. Und der Doktor Köhnlechner hat bestätigt, was ich schon seit etwa dreißig Jahren weiß: daß zur Steigerung der geistigen Regsamkeit hier und da ein Gläschen Wein höchst förderlich ist. Na, wie hätte ich wohl all diese Kolumnen geschrieben ohne meinen guten Portugieser aus der Pfalz? Und immer hat es mich gequält: ungesund, nicht soviel Wein trinken, Elke, trink Milch, trink Wasser ... jetzt weiß ich: Ich darf nicht nur, ich muß sogar fleißig Wein trinken, um geistig rege zu bleiben und lange zu leben. Dafür soll ich möglichst keine Butter mehr essen. Butter ist ja ganz schlecht, fürs Herz, für irgendwelche Kranzgefäße und so, oder nein, war das grundsätzlich zuviel Fett, Butter hingegen ist nötig und gesund? Und Zucker – schädlich, schädlich, erst recht dieser weiße, gebleichte, der Zahnarzt reibt sich die Hände, und der Tod wartet schon mit der Schippe. Aber die Zuckerindustrie schreit auf: Zucker ist auch Energiespender! Ohne Zucker schmeckt das Leben nicht! Der Mensch braucht Zucker! Soll Kuba denn gänzlich untergehen? Leute, eßt mehr Zucker! Ich hab es sowohl mit Zucker wie mit Salz – kann beides so aus der Hand lecken, aber Salz ist ja so was von ungesund! Wir essen alles viel zu salzig. Doch wer kennt noch das Märchen vom König, der seine drei Töchter fragt: «Was habt Ihr am liebsten auf der Welt»? Und während die beiden etwas dusseligen älteren, an Vaters Geld denkend, gleich schreien: «Dich, Papa!», sagt die jüngste: «Salz.» Wie wir wissen, wird sie daraufhin vom Hofe vertrieben, aber schon bald merkt der Vater, der es mal ausprobiert, daß ohne Salz nichts mehr schmeckt, daß das Leben so fade ist wie der ungesalzene Kartoffelbrei und daß die Jüngste da etwas sehr Kluges geliebt hat.

Was will uns all dies sagen? Daß alles, was uns schmeckt, auch verteufelt werden kann. Daß alles, was uns schmeckt, immer mal wieder verteufelt wird. Bloß kein Alkohol! Ja keine Butter! Weg mit dem Zucker! Salzlos kochen! Und daß das alles Unfug ist. Wie immer liegt's auch hier an der Dosierung, aber was hätten denn die Wissenschaftler schon noch zu forschen, wenn sie das nicht immer mal wieder nachweisen könnten. Und nun bitte macht Euch an die Arbeit und sagt den Vorkämpfern der Antirauchliga, daß das sinnlos nervöse, menschenbelästigende und krankmachende Paffen irgendwelcher Zigaretten ganz etwas anderes ist als der fabelhafte Genuß einer edlen Zigarre oder einer Zigarette aus guten orientalischen Tabaken nach einem schönen Essen. Maßvolles Rauchen ist Genuß und ein Stück Kulturgeschichte, das gerade mit beispielloser Hysterie wegzensiert werden soll. Warten wir's ab. Das geht auch vorbei. Wie ich höre, rauchen jetzt auch Linda Evangelista und Madonna aus Protest schon Zigarren. Ich bin dabei.

19/95

Wir machen Ordnung!

ALSO... wenn das Wetter schön ist, geht das natürlich nicht. Aber sobald es jetzt schlechter wird, werde ich mal den Kleiderschrank richtig aus- und aufräumen. Ich werde alles, was ich länger als ein halbes – na, als ein Jahr nicht getragen habe, streng prüfen und unter Umständen in die Kleidersammlung geben. Jawohl, das werde ich. (Ach, der schwarze Samtrock! Wann trag ich schon mal einen schwarzen Samtrock ... aber er war soooo teuer ... und so ein guter Schnitt ... der kann ruhig noch hängenbleiben, was weiß man, schwarzen Samt kann man immer brauchen ...) Am Ende bleibt alles hängen, bis auf eine vergilbte weiße Bluse und zwei ausgeleierte T-Shirts, die aber zu Nachthemden umfunktioniert werden und in einer anderen Schublade landen. Das war also nichts mit dem Schrankausräumen. Na gut. Dann ordnen wir eben beim nächsten schlechten Wetter endlich mal die Versicherungen. Alle Policen liegen durcheinander in einer Schublade. Irgendwas wird immer irgendwie abgebucht, aber ich habe keine Ahnung, bei wem ich wie hoch gegen was versichert bin. Hausrat – ist da der Hund mit drin? Gilt das bei Einbruch auch? Oder nur, wenn was kaputtgeht? Und muß ich das selbst kaputtgemacht haben oder ein Gast? Müßte ich das nicht mal erhöhen? Kommt die Hausratsversicherung nicht noch aus Zeiten der Billigmöbel, und jetzt haben wir es doch nett mit Video, vielen Büchern und schönen Bildern, das ist doch mehr wert, oder? Lebensversicherung, Autoversicherung, Mitgliedschaften, Abonnements, alles in heillosem Durcheinander. Alles schreit nach Ordnung, schreit so laut, daß es mich schon wieder schreckt. Nein, dann ordne ich lieber den Schuhkarton mit den Taxibelegen, Postgebühren, Quittungen. Obwohl – völlig hoffnungslos, da ist alles durcheinander, und kommt nicht überhaupt gerade die Sonne raus? Ist Radfahren nicht viel gesünder, als Quittungen zu kleinen, ordentlichen Häufchen zu schichten, und dann kommt sowieso die Katze und macht alles wieder durcheinander? Überhaupt muß ich erst neue Aktenordner kaufen. Ich brauche schöne, neue Ordner, in die ich dann alles fein säuberlich reinheften kann. Das werde ich gleich ... gleich demnächst machen. Und dann wird Ordnung in die Schubladen einziehen! Ich kann ja, bis ich schöne neue Aktenordner habe, mir mal das Schuhregal vornehmen. Trage ich all diese Turnschuhe und Sandalen noch? Lohnt es sich, da ein neues Riemchen, dort neue Schnürsenkel zu besorgen? Fragen über Fragen, und wenn ich dann im Kaufhaus bin, habe ich den Zettel mit der nötigen Schnürsenkellänge ja doch nicht dabei. Was ich aber jetzt mache: ich nehm mir diese Schublade vor, in die ich immer, wenn ich gerade eilig bin (ich bin immer gerade eilig!), wertvolle Tips werfe – das ultimative Pfannkuchenrezept, die Adresse von dem Mann, der alte Füller repariert, die Nummer meiner Staubsaugerbeutel, die Tips zum Entkalken der Kaffeemaschine – nach welchem Prinzip ordnet man so was? Ist es nicht viel besser, das bleibt einfach alles so in der Schublade liegen, und wenn ich dann was suche, guck ich eben alles mal kurz durch? Natürlich ist das besser. Und so geht mir das immer mit dem Aufräumen. Wie geht es Ihnen?

20/95

Dumm und brutal –
zwei neue Trends

ALSO ... zwei Trends fallen mir auf, die beide gleichermaßen furchtbar sind: immer dümmer und immer brutaler. Immer dümmer ist irgendwie noch komisch: Da kam der Film «Forrest Gump» in die Kinos und wurde mit einer Menge Oscars hochdekoriert. Warum auch nicht, Tom Hanks ist ein wunderbarer Schauspieler, die technischen Tricks im Film – Forrest schüttelt mehreren US-Präsidenten die Hand, Meisterwerke der Filmkopie – sind witzig, der ganze Film ist gut gemacht und unterhält. Aber worum geht es? Um einen Dummkopf, den klassischen «tumben Tor», einen Blödmann, der wahrlich mehr Glück als Verstand hat und so heiter durch den Vietnamkrieg und die Drogenexzesse der 60er Jahre kommt. Das Glück winkt dem Dummen, der nur mitläuft, nicht fragt, sich brav einordnet, nichts kapiert. Was will dieser Film uns eigentlich sagen? Daß wir glücklicher sind, wenn wir ein bißchen doof sind und unsern Verstand lieber vor der Tür lassen? Das wissen wir doch schon aus der Bibel – war das Paradies nicht unwiderruflich verloren, als die Menschen vom Baum der ERKENNTNIS gegessen hatten? Wissen heißt: Schluß mit paradiesischen Zuständen, glücklicher Gump, der du so schön blöd bist, daß nichts dich wirklich bedrückt. Zur Zeit läuft ein Film mit großem Erfolg, der heißt «Dumm und dümmer». Ich mag nicht reingehen, aber ich kann mir die Tendenz schon vorstellen, und je dümmer, desto erfolgreicher – auch für unsere Nachmittagsserien im Fernsehen gilt das ja.

Und der zweite Trend: immer brutaler. Giftgasanschläge in der japanischen U-Bahn, mit Sprengstoff beladene Autos sprengen das World Trade Center oder ein Hochhaus in Oklahoma City in die Luft, egal, wer drin ist, egal, wieviel Tote, Hauptsache, die Gesellschaft wird erschüttert – weswegen? Von wem? Sind das noch Terroristen, die für irgendwas kämpfen, für Palästina, für den Islam, für die IRA, die Rote Armee? Nein. Nur so. Sektenführer vielleicht, Unzufriedene, Leute, die «die Gesellschaft», die «den Staat» nicht mögen und ihrer Unzufriedenheit auf diese Weise Ausdruck verleihen. Wo früher noch Graffitis als Ausdruck von Protest und Aufbegehren, Mißmut und Kritik auf leere Wände gesprüht wurden, gehen eben jetzt Bomben hoch – die Mittel werden drastischer, das Verbrechen hat keinen Namen und keine Adresse mehr. Es ist ein bißchen so wie mit den Naturkatastrophen: Erdbeben, Vulkan und Wirbelsturm schauen auch nicht hin, was, wen, wo sie verwüsten. Gewalt pur. Die Form der Gewalt, die wir zur Zeit weltweit erleben – anonym und scheinbar völlig sinnlos, ohne jedes Ziel und auch ohne jede Rücksicht –, zeigt, wie wir auch im Kleinen miteinander umgehen, wie wir unsere Mitmenschen, unsere Erde, unsere Tiere behandeln. Und das, denke ich, ist auch ein Ausdruck von Trend Nr. 1: immer dümmer. Und so treffen sich zwei fatale Strömungen – Dummheit und Gewalt. Und deshalb kann ich über Dummheit auch nicht so richtig lachen – da lauert immer noch was Unberechenbares im Hintergrund.

21/95

Der Wetterbericht

ALSO . . . der Mensch (mit angeblich einer Ausnahme) ist nicht unfehlbar, das heißt: Fehler passieren jedem. Ärzte, das wissen wir, schneiden schon mal gern das rechte Bein ab, wenn es eigentlich der linke Arm sein sollte – man tut immer gut, mit Filzschreiber auf dem Körper zu markieren, was getan werden soll. Architekten können irren, wie hätte denn Herr Schürmann auch damit rechnen sollen, daß der Rhein nach heftigem Regen ansteigt und seinen Bau unter Wasser setzt! Die verliebte Hausfrau kann schon mal ein Pilzgericht versalzen – das sollte nicht passieren, das kann aber passieren, so wie sich ein Taxifahrer auch mal verfahren darf. Gehört alles zum Allzumenschlichen dazu! Wir kennen nur zwei erstaunliche Ausnahmen: der Papst irrt sich nie (obwohl . . .?), und die Meteorologen irren sich immer. Kein Berufsstand bereitet mir soviel Erstaunen, Unterhaltung, Vergnügen, Ärger – kurz, die ganze Gefühlsskala wird bedient – wie der der Wettervorhersager. Ob es nun Inge Niedek mit ihren 750 verschiedenen hüftlangen Jacken ist, ob Herr Uwe Wesp mit Fliege, Herr Walch in erstaunlich knappen Jacketts, der müde Herr Thiersch oder der joviale Freund Kachelmann – keiner von ihnen trifft jemals auch nur annähernd das, was ich täglich mit dem Wetter erlebe. Wenn sie sagen, es regnet, dann lieg ich in der Sonne, wenn sie Sonne kommen sehen, weiß ich, es wird gießen. Sind ihre Nächte frostkalt, stell ich meine Zitronenbäumchen getrost raus, prophezeien sie mir eine milde Nacht, binde ich lieber alles an, was im Sturm davonfliegen könnte. Da haben unsere Wettermenschen nun so lange und so gründlich studiert, da können sie Satellitenbilder lesen und Computer bedienen, da treiben sie einen gewaltigen Aufwand mit Meßgeräten, Wetterkarten und Computern, und, ach!, sie kriegen es einfach nicht hin, ein Sturmtief glaubwürdig von einem Azorenhoch zu unterscheiden. Vielleicht bin ich aber auch zu blöd und verstehe ihre Sprache nicht, auch dann nicht, wenn Herr Wesp freundlich vorschlägt: «Schaun wir uns das doch noch mal im Wiederholungslauf an ...» Ich schau, und wieder rollen Zeichen und Wunder ab, die sich mir nicht erschließen. Ich will doch nur wissen, ob es bei mir schön wird oder nicht, aber statt dessen krieg ich Wolkenansammlungen über dem Atlantik erklärt. Na gut. Seien wir nicht ungerecht: Zu Zweidritteln haben die Meteorologen immer recht: sie erklären uns sehr schön Vergangenheit und Gegenwart, also sie wissen genau, wie das Wetter gestern war («Wider Erwarten, liebe Zuschauer, schaute gestern dann doch noch die Sonne unter den Wolken hervor»), und sie wissen genau, wie es heute ist: «Im Westen kühl, im Süden warm.» Aber was sie niemals hinkriegen, ist eine Aussage über morgen. Doch wer kann schon in die Zukunft blicken, nicht wahr?

Mein Freund Ben. Mein Freund Ben ist lange zur See gefahren. Er wohnt an der Nordsee, und wenn ich da Ferien mache, frage ich: «Ben, wie wird das Wetter?» Dann schaut er zum Himmel, zieht an seiner Zigarre und sagt: «Morgen bis zehn Uhr Wolken, dann schön. Ab vier wird es trüb, aber die Nacht ist klar.» Und genauso kommt es, mit schlafwandlerischer Sicherheit. Vielleicht gucken unsere Damen und Herren Meteorologen ja gelegentlich auch mal wieder zum Himmel hoch?

22/95

Freizeitstreß

ALSO... ich staune immer wieder ehrfürchtig darüber, was Menschen alles auf sich nehmen, um ihre Freizeit schön zu gestalten. Zum Beispiel am Strand – früher ging man mit Badetasche und Handtuch, das Kind trug Eimerchen und Schäufelchen. Heute müssen wir entweder eine Strandbude mieten, damit all das, was wir in den drei Wochen Nordsee brauchen, auch ständig zur Hand ist, oder wir kommen gleich mit Anhänger und Container angefahren. Das Surfbrett muß mit. Für das Surfbrett brauchen wir Spezialkleidung in drei verschiedenen Neonfarben, natürlich auch Spezialschuhe. Wir haben ein Mountainbike und dazu die Spezialkleidung (bunt! bunt!) und natürlich den Sturzhelm. Und die Spezialschuhe. Und die Spezialhandschuhe. Jemand erzählte mir gerade vom Skysurfen – nicht auszudenken, was man da wieder alles Spezielles braucht! Ja, Freizeitindustrie – das Wort paßt wirklich, mit einfachen Sachen ist es nun mal nicht mehr getan. «Da, Kind», sagte Tante Leni, als ich klein war, und stellte mir eine Kiste mit Knöpfen hin – Seligkeit für ganze Regennachmittage. «Da, Kind», sagen die Eltern heute und kaufen kompliziertestes Spielzeug, und das Kind macht bäh! Früher haben wir im Herbst Drachen steigen lassen – der Leib aus Seidenpapier, das Gerippe aus Sperrholz, der Schwanz aus Bindfaden mit herrlichen Papierschleifen. Das Kunststück war, den Drachen so schön in der Luft stehen zu lassen, daß sein langer Schwanz fröhlich zappelte. Haben Sie in diesem Sommer am Strand die Drachen gesehen? Lebensgefährliche Stahlgebilde, mit zwei Händen (Spezialhandschuhe!) zu halten und zu steuern, ein Knatterlärm wie bei der Formel 1, denn diese modernen Drachen sollen nicht in der Luft stehen, sondern auf und nieder sausen in furchterregender Geschwindigkeit und grausigen Kurven, haarscharf über die Köpfe der Strandbummler hinweg. Es gibt erste Verbotsschilder an den Stränden – keiner hält sich dran. Und macht das alles wirklich noch Spaß? Die Drachenmenschen, die Surfer, die Biker, sie kämpfen verbissen mit ihrem Gerät, nein, das ist kein Vergnügen, da verlangt sich der Freizeitmensch das Äußerste ab. «Selbsthilfegruppe der Arbeitssüchtigen», las ich neulich in Köln. Ich warte auf die Selbsthilfegruppe der Freizeitbesessenen, die durch den Streß, immer mehr Vergnügen zu leisten, immer neue Anstrengungen zur Erholung auszuhalten, immer speziellere Sportarten mit immer komplizierterer Spezialkleidung zu bewältigen, zusammenbrechen und Hilfe brauchen. Ich rate zum einfachen Geradeauswandern am Meer, zum einfachen Geradeausschwimmen im Meer, zum Papierdrachen auf dem Herbstfeld, zum Hollandrad mit drei Gängen. Aber ich bin auch altmodisch und freizeituntauglich: Ich genieße nämlich meine Freizeit, einfach nur so. Ohne Spezialhandschuhe.

23/95

Der Belehrer

ALSO... heute wollen wir aber dem Belehrer mal ein Denkmal setzen. Der klassische Satz des klassischen Belehrers lautet: WENN DAS JEDER MACHEN WÜRDE. Ach, das haben wir doch alle schon mal irgendwann gehört, oder? Die klassische Antwort wäre: MACHT ABER NICHT JEDER, NUR ICH. Doch wenn es sich um einen echten Belehrer handelt, ist jede Antwort sinnlos. Der Belehrer ist auch der, der sich auf der Autobahn sofort mit 50 km/h links einordnet, wenn ein Schild verkündet, daß sich die Fahrbahn in 3 km verengen wird und man sich dann nicht mehr überholen darf. Er zeigt uns jetzt schon mal, wie das geht, danke, Onkel Lehrmeister! Der Belehrer weiß auch: «Ihr Rücklicht brennt nicht!», wenn ich mit dem Fahrrad an ihm vorbeifahre. Soll ich jetzt absteigen und ihm sagen, daß ich an diesem Rücklicht seit zwei Jahren herumfummele, und es brennt immer nur nach Lust und Laune? Soll ich mich bedanken oder ihm sagen, er soll sich doch um seinen eigenen Kram kümmern? Er hat ja recht, es brennt mal wieder nicht, aber was soll ich jetzt mitten in der Nacht daran ändern? Ihn befriedigt es, mir das mitzuteilen. Der Belehrer weiß auch: «Sie fahren auf der falschen Seite» oder «Sie können hier nicht parken», wahlweise: «Sie dürfen hier nicht rauchen.» Zur ganz großen Form läuft der Belehrer an Kassen auf: Er weiß genau, wer nach wem dran war, o ja, und wehe, man läßt jemanden, der wirklich nur zwei Teile und es sichtbar eilig hat, vor – dann schwillt dem Belehrer aber mächtig der Kamm: «Der kann sich hinten anstellen wie wir alle!» Und da ist er auch schon wieder, der beliebte Belehrsatz Nr. eins: «Wenn das jeder machen würde.»

Ja, wenn das jeder machen würde. Aber wir sind nun mal Individualisten, und der eine hat diese Macke und der andere jene.

Der eine übertritt schon mal leichten Fußes ein Gesetz, ein anderer täte so was niemals. Nein, es ist nicht richtig, die Blumen für den Muttertag in den städtischen Anlagen zu klauen, und wenn das jeder machen würde, sähen die Anlagen traurig aus. Da es aber nicht jeder macht, sondern nur der dumme Bub, der sein Geld verloren oder den (blöden) Muttertag vergessen hat, wird es eine so weltbewegende Rolle wohl nicht spielen, oder? Nicht so für den Belehrer. «Können Sie nicht lesen?» ist seine erste Frage, und auf dem Schild steht doch: «Rasen betreten verboten.» Ich hänge mir jetzt auch ein Schild um: «Bin erwachsen. Belehren verboten. Sündige gern und bewußt. Guten Tag.»

Und ich erzähle Ihnen noch die schönste Geschichte aus meinen Belehrer-Abenteuern: da fuhren meine Freundin und ich mit den Rädern, auf einem Waldweg, und es war ein bißchen matschig, und vielleicht haben wir den spazierengehenden Rentner ja tatsächlich ein wenig angespritzt, und sicher hätten wir uns, wäre es so gewesen, auch bei ihm entschuldigt. Aber als er uns den Satz nachschrie: «Geben Sie mir sofort Ihre Adresse, ich zeige sie an!», da konnten wir eigentlich nur noch lachen und einfach weiterfahren. Denn gleich hinter dem Belehrer kommt der Anzeiger. Da kann man nur noch fliehen.

24/95

Dressing down!

ALSO... im Horoskop meiner Freundin steht doch wahrhaftig: «Haben Sie genügend Busineß-Kostüme im Schrank? Wenn nicht, sollten Sie sich schleunigst welche zulegen, auf Sie kommt nämlich ein Job zu, bei dem nicht nur Ihre Begabung, sondern auch Ihr Auftreten zählen.» Wie dankbar sind wir doch immerhin, daß wenigstens auch die Begabung ein wenig zählt! Aber ansonsten: Busineß-Kostüme. Ja, hat der Horoskopemacher denn noch nichts gehört vom neuen Trend des Dressing down, vom allgemeinen Verfall der strengen alten Kleidersitten? Klar gehen wir nicht unbedingt in Shorts ins Büro, aber Computergenie Bill Gates, Bubengesicht, T-Shirt und Turnschuhe, ist reichster Mann der Welt, und wie kann eine Computerfirma von den Zottelfreaks verlangen, in Nadelstreifen zu kommen? Gelten alte Kleiderordnungen noch da, wo junge Millionäre in Freizeit-Outfit herumschlurfen? Ich habe zwei Freunde im Geldgeschäft – sie müssen bei Kundenbesuchen (angeblich? wirklich?) im gedeckten Anzug mit Schlips auftreten, um seriös genug zu wirken. Immer haben sie im Auto eine Tasche mit Jeans und Pullover und tauschen rasch die 1500-Mark-Maßschuhe gegen Timberland-Slippers und die Rolex gegen die Swatch aus, wenn sie anschließend Freunde in der Kneipe treffen. Ist das noch normal oder schon schizophren? Was stimmt noch an den alten Kleiderregeln? In den USA gilt in vielen Firmen: Montag bis Donnerstag völlig korrekt, ab Freitag lässig, denn der Freitag endet ja nicht mehr um fünf, wo früher die Rush-hour war, sondern meist schon mittags um zwei. Bis dahin ist der lässige Look erlaubt. Freitag ist demnach «dress-down-day». Irgendwer hat sogar schon herausgefunden (ach, ich liebe sie, die professionellen Herausfinder!), daß genau an diesen Freitagen die Menschen besser und kreativer arbeiten, weil sie sich in der lockeren Kleidung einfach entspannter fühlen als mit Schlips und Jacke. Na, wenn das Schule macht! Ich sehe schon unsern Bankdirektor in kurzen Hosen, den Wirtschaftsminister in Jürgen-von-der-Lippe-Hemden, den Papst in Jeans. Nein! Das dann doch nicht, und die Kirche hat ja ganz gut vorgesorgt: nette Kleidchen für hohe Herren, kein einschnürendes Jackett, kein kneifendes Beinkleid, keine Krawatte. Wallende Pracht in weiß und violett, rund durch die Woche. Vielleicht guckt der Heilige Vater aber doch manchmal neidisch auf das erstaunliche Pulloversortiment von Eugen Drewermann und würde auch gern mal so was ausprobieren ... geht nicht. In den Firmen sagt der Chef: Freitags dürft ihr lässig kommen. Aber über dem Papst ist nur noch Gott, und ich glaube nicht, daß ER seine Hand durch die Wolken streckt und sagt: «Woytila, zieh diese Cordhose an und jenen schönen Norwegerpullover, und dann verkünde den Heiden mein Wort.» Die Heiden würden ihn so nicht ernst nehmen. Kirche, bleib bei deinen Kleidchen. Und wir andern dressen getrost ein bißchen down. Wenigstens freitags.

25/95

Das blaue Wunder

ALSO... ist Ihnen auch schon die Übermacht der Farbe Blau aufgefallen? Ich weiß gar nicht mehr genau, wann und wie das eigentlich angefangen hat, ich glaube, mit dem Designer-mineralwasser in der kobaltblauen Flasche. Auf einmal ist Blau überall – blaue Gläser, Karaffen, Vasen, das Auto ist so blau wie die Schuhe, und welches Parfüm benutzen Sie – lassen Sie mich raten, ist es blau? Natürlich ist es blau, mir fallen auf Anhieb zehn Sorten blaue Parfums ein, oder zumindest Parfums in blauen Fla-cons. Am Fenster leuchtet die blaue Glaslampe in mildem Licht (bei mir übrigens auch, ich konnte nicht widerstehen) – und warum? Weil es so schön romantisch ist. Es erinnert uns an die blaue Blume der Romantik, Blau ist kühl, geheimnisvoll, verwir-rend. Die Begriffe, die sich mit dem Wort «Blau», mit der Farbe Blau zusammensetzen lassen, sind zahllos – vom blauen Auge, das einer abkriegt, über den berühmten blauen Montag und das blaue Wunder, das noch zu erleben ist, bis hin zum blauen Brief in der Schule oder zum blauen Engel der Marlene Dietrich. Warum ist das alles blau? Für einiges gibt's eine Erklärung, aber trotzdem fasziniert die Fülle der Begriffe. Blue fühlt man sich, wenn man einsam ist, das ist der Blues. Blau, blau, blau blüht der Enzian, und blau ist man, wenn man davon zuviel gekippt hat, jetzt meine ich natürlich den Enzian flüssig. Wenn wir in Gottfried Benns schönem Gedicht in die «dunkelblaue Stunde» treten oder wenn Else Lasker-Schüler von ihrem «blauen Klavier» spricht, dann sind wir tief poetisch versunken, ebenso ein Flair hat immer noch die berühmte Blaue Grotte auf Capri. Immer wieder blau – der blaue Himmel (von dem wir in Krisensituationen gern das Blaue herunterreden!), die blaue Ferne, die blauen Berge, das blaue Meer – und das berühmte blaue Blut, natürlich, das so rot ist wie deins und meins, aber eben doch ein bißchen blauer. Was fasziniert so sehr an blauen Augen? Und warum heißt Rosamunde Pilchers Bestseller nicht «Das gelbe Zimmer», sondern eben «Das blaue Zimmer»? Ja, warum, warum. Irgend etwas ist um diese Farbe Blau, das alles durchdringt – die Sehnsucht, die Schönheit, die Natur, die Träume, die Poesie. Keine Farbe fällt mir in Werbefilmen so oft auf wie Blau, und auf den Adventskränzen leuchten neuerdings vorwiegend blaue Kerzen und blaue Glaskugeln. Was ist das nur für ein blauer Virus, der da umgeht? Warum fährt die Polizei ausgerechnet mit Blaulicht? Warum ist eine kluge Frau ein Blaustrumpf? Warum liebt Eddie «Pulverdampf und blaue Bohnen»? Ich weiß es. Weil (Forschungsergebnis an der Universität Köln) der Mensch in einer Endzeitstimmung ist, in der Endphase einer bestimmten Periode, und in Endphasen trägt und hat und liebt man eben Blau. Oder so ähnlich. In den 6oern war alles orange und pink, und in den 8oern war alles schwarz und weiß, nun ist eben alles blau. Gar nicht wahr. Habe mir gerade ein paar neue Wintersachen gekauft. Alles dunkelgrün. Grün ist die Heide, grün ist die Hoffnung, es grünt so grün ... aber das ist dann schon wieder eine andere Kolumne, dies hier war meine blaue Periode.

26/95

Dieter Hildebrandt
Elke, ich lobe Dich!

Ein Geburtstagsbrief zum 50.

Zum Schluß ... Laß mich doch jetzt mal ausreden,
ich weiß ja, daß Du Lob vertragen kannst. Wiewohl Du einem in
das Wort fallen kannst, das man noch gar nicht ausgesprochen
hat. Laß es mich dennoch sagen, und dann kannst Du hintanfü-
gen, es handle sich um eine Altherren-Galanterie: «Von allen, die
fünfzig wurden in diesen Tagen, bist Du am vierzigsten.» Deine
Grundschnelligkeit hat in keiner Weise nachgelassen. Innerhalb
kürzester Zeit kannst du einen Zorn entwickeln, der die Regie-
rungspartei augenblicklich zum Verlassen des Plenums veranlas-
sen würde. Wer kann das schon noch. Von jugendlicher Unbe-
kümmertheit ist dabei nicht die Rede, von Unerschrockenheit
auch nicht, schon gar nicht von Unbedenklichkeit, neinnein, Du
bist höchst bekümmert, tief erschrocken und sehr bedenklich.
Das heißt aber auch, daß Du Dich nicht zurückziehen kannst wie
die «dicke Droste» in ihren Turm, wie Du es formuliertest, um
dort Bücher zu schreiben, nur Bücher meine ich, die höchste Ver-
wunderung auslösen, weil sie so überraschend (!) gut geschrieben
sind. Und in den «Kolonien der Liebe» sagst Du es ja selbst:
«Nach solchen Nächten möchte ich am Flughafen am liebsten
umbuchen: Mexico City oder Quito oder Lima und nie mehr zurück, aber wie hätte ich das meiner Katze erklären sollen.» Und
wie erklärst Du es mir, daß Du in den Turm willst und nicht zurück in die Manege?

Selbst wenn Du hier und da ein paar Freunde mit der Rückhand
triffst, mit ein paar Gegnern Dich nicht hättest einlassen müssen
und ein paar Gegnerinnen hättest auslassen können, ich würde
Dich als frei herumlaufende Lücke des Fernsehprogramms nicht
unbehelligt lassen.

Als wir uns das letzte Mal trafen – es geht mit uns beiden immer gut aus, weil Du zu den wenigen Menschen gehörst, die einen mit den Augen umarmen können, und das lasse ich mir gern gefallen –, sagtest Du zwar, Du seist nun alt genug, um Dich vollends unabhängig zu machen von Sendern, Gremien, Einschaltquoten, hingerotzten Fernsehkritiken, von gesteuerten Leserbriefkampagnen und auch von der Depression, die Dich nach jeder Sendung befällt. Aber so, wie Du da im Fernsehen immer gesprochen hast, spontan, empört, pointiert, war es jedesmal auch der Beweis dafür, wie unvergleichlich Du bist. Und Du wirst Dich noch mehr ärgern, wenn Du merkst, daß es keine mehr gibt, die so redet wie Du. Stell Dir vor!

Und stell Dir vor, Du würdest getreten und könntest nicht mehr zurücktreten. Als die «Stuttgarter Zeitung» vor drei Jahren meldete, Jürgen Möllemann wolle einen «Else-Stratmann-Preis» ins Leben rufen, und der solle «an solche Politiker gehen, die mit traumwandlerischer Sicherheit am Kern der Sache vorbeireden», da könnte ich mir vorstellen, hat die Elke über die Else nachgedacht, ob die Fleischergattin aus Wanne-Eickel nicht auch an anderen Zeitgenossen als Herrn M. vorbeiredet. Es gab damals keinen Grund dafür anzunehmen, daß ein Minister dümmer ist als seine Bürger. Elke, glaube mir, es kann sein! Es kann natürlich auch sein, daß er Elke nie zugehört hat. Das wird's wohl sein.

Weißt Du, Elke, so richtig habe ich es Dir noch nicht verziehen, daß Du die praktische Ausführung der These von Hanns-Dieter Hüsch «Der Faschismus beginnt in der Küche» zu Deinen gesammelten Werken gelegt hast. Die Stratmann würde heute mit traumwandlerischer Sicherheit an Möllemanns Verständnis vorbei den Nagel auf den Kopf der Bevölkerung treffen. Vorwürfe, nichts als Vorwürfe.

Als Du sie gemeuchelt hattest, die Else, waren ganz gewiß viele, viele Menschen auf der Beerdigung. Aber Du hattest immer Angst, daß sie Dich in die Stratmann stopfen, oben und unten verschließen und den Schlüssel wegwerfen. Die Chronisten, meinst Du, werden Dich abheften unter Schnattertante, Ulknudel, Ruhrpottkomikerin, als wandelnde Talk-Schwester oder was weiß ich nicht alles. Es wird nicht gelingen. Selbst das Prominenten-Archiv, der «Munzinger», der sonst wenig Mühe hat, 50 Arbeitsjahre in einer halben Seite zusammenzufassen, braucht für Dich zwei Seiten! Er erwähnt gewissenhaft die Hörspiele für den Bayerischen Rundfunk, die Du mit Deinem heutigen Ehemann Bernd Schroeder geschrieben hast, Deine ersten Moderationen, die ersten Talk-Shows im «Kölner Treff», 4500 Rundfunkbeiträge für den Südwestfunk, und dann kommt der wunderbare Satz: «Als Olympia-Else würzte sie die Olympia-Übertragungen aus Los Angeles 1984 und Seoul 1988 mit ‹Volkes Stimme›.» Du bist also als Prise unterwegs gewesen. Wenn's mal nicht so würzig schmeckte, wurde Else dazwischengestreut.

Aber das stimmt so ganz und gar nicht. Wir, das heißt die meisten und ich, hatten beim Betrachten dieser gigantischen Anabolikerkomödien manchmal nur einen Trost, und das warst Du. Wenn mich nicht alles täuscht, so haben ein paar Zeitungen Dir eine symbolische Goldmedaille verliehen.

In den Jahren zuvor hattest Du Deiner Schreibmaschine keine Ruhe gelassen, Drehbücher für Fernsehspiele, Fernsehserien geschrieben, hast auch zwei Gastspiele in unserem «Scheibenwischer» gegeben, und wir warten heute noch auf ein drittes, hast Dich durch mehrere Talk-Shows gebissen und Dir den Ruf der «gefürchteten Kratzbürste des Deutschen Fernsehens» erworben, was man hierzulande allerdings schon dadurch erreicht, daß man einem Minister, der in seine Machenschaften verwickelt ist, die sachliche Frage stellt: «Würden Sie nicht Schaden vom Volke abwenden, wenn sie zurückträten?»

Das ist dann nicht mehr die «Stimme des Volkes», sondern bereits ein Schandmaul. Da zuckte Dein Partner in der Frankfurter Oper hie und da bedächtig zusammen.

Man hat Dir oft vorgeworfen, Du würdest Deinen Talkgästen das Wort abschneiden. Stimmt nicht, Du schneidest ihnen einen Solovortrag ab. Der gelernte Gast ist darin unerbittlich. Er setzt sich hin, um darzustellen, daß er das Herz auf dem richtigen Fleck und den Verstand an der richtigen Stelle hat. Aus dem Mund kommen dann eine Antwort auf eine gar nicht gestellte Frage, gleich danach der Kommentar zum Gesagten und sofort anschließend die Vermutung, was man dazu antworten könnte – was dazu führt, daß er dem schon mal vorab spontan und energisch widerspricht. Und Du hast die unverschämte Eigenschaft, die programmierte Suada vorauszuahnen und ihm nicht ins Wort zu fallen, sondern in die vielen Wörter.

Jürgen Busche in der FAZ: «(Sie bekam) ... die unbeirrbare Eigenschaft, das für richtig Erkannte in Tat und Verhalten umzusetzen.» Nun hast Du es für richtig erkannt, aus dem Karton, in den man Dich gesteckt hat, auszusteigen, und darin bist Du unbeirrbar. Gut, Du wirst ja nicht wirklich in Deinen ersehnten Turm steigen, und wenn, dann haben die meisten Türme Zinnen, von denen man herunterrufen kann, wenn es not tut. Außerdem hältst Du ja hier in der BRIGITTE ein kleines Podest besetzt mit Deinen Kolumnen, von denen die «Bunte» meint, es handle sich dabei um Sex und Küchengeschichten. Man scheint dort niemanden zu haben, der andere Zeitungen liest. Du wirst es mit den kleinen Rachegeistern zu tun bekommen. Das bayerische Fernsehen hat es in seinem Jahresrückblick geschafft, Deine «Kolonien der Liebe» in die Pornoabteilung zu packen. Die andere Elke paßt ihnen nicht.

Hans Krailsheimer (1888–1958): «Das Gefährlichste an den Halbwahrheiten ist, daß fast immer die falsche Hälfte geglaubt wird.» Mir gefallen beide.

Dein Dieter